taxi!

méthode de français 1

Guy Capelle   Robert Menand

guide pédagogique

Patrick Guédon

HACHETTE
Français langue étrangère

Conception graphique : Anne-Danielle Naname et Tin Cuadra

Réalisation : Médiamax

Illustrations : Zaü

Couverture : Guylène et Christophe Moi

Révision : Josiane Attucci

Coordination éditoriale : Claire Dupuis

ISBN : 2-01-155221-4

© HACHETTE LIVRE 2003, 43, quai de Grenelle, F 75 905 Paris CEDEX 15.
Tous les droits de traduction, de reproduction et d'adaptation réservés pour tout pays.

La loi du 11 mars 1957 n'autorisant, aux termes des alinéas 2 et 3 de l'article 41, d'une part, que « les copies ou reproductions strictement réservées à l'usage privé du copiste et non destinées à une utilisation collective » et, d'autre part, que « les analyses et les courtes citations » dans un but d'exemple et d'illustration, « toute représentation ou reproduction intégrale ou partielle, faite sans le consentement de l'auteur ou de ses ayants droit ou ayants cause, est illicite ». (Alinéa 1 de l'article 40)
Cette représentation ou reproduction, par quelque procédé que ce soit, sans autorisation de l'éditeur ou du Centre français de l'exploitation du droit de copie (20, rue des Grands-Augustins, 75006 Paris), constituerait donc une contrefaçon sanctionnée par les articles 425 et suivants du Code pénal.

Sommaire

Introduction		5
Unité 0		15
Unité 1	**En route !**	18
Leçon 1	Bienvenue !	18
Leçon 2	Rencontre	21
Leçon 3	Ça va bien ?	24
Leçon 4	Correspond@nce	27
Bilan 1		29
Unité 2	**À la découverte des objets**	30
Leçon 5	Passe-temps	30
Leçon 6	Portrait-robot	33
Leçon 7	Boutique.net	36
Leçon 8	Le coin des artistes	39
Bilan 2		42
Unité 3	**Où vivent les Français ?**	43
Leçon 9	Appartement à louer	43
Leçon 10	Pour aller au Louvre ?	46
Leçon 11	Voyages, voyages	49
Leçon 12	Week-end à la mer	52
Bilan 3		54
Évaluation orale 1		55
Évaluation écrite 1		56
Unité 4	**Au rythme du temps**	57
Leçon 13	Vous partez quand ?	57
Leçon 14	À Genève	60
Leçon 15	Le dimanche matin	63
Leçon 16	Une journée avec…	66
Bilan 4		68

Unité 5		**La vie de tous les jours**	69
Leçon 17		Mardi gras	69
Leçon 18		Une bonne journée	72
Leçon 19		Où sont-ils allés ?	75
Leçon 20		Souvenirs de fête	78
Bilan 5			80
Unité 6		**On ne peut pas plaire à tout le monde !**	81
Leçon 21		Qu'est-ce qu'on peut faire ?	81
Leçon 22		Petites annonces	84
Leçon 23		Qu'est-ce qu'on lui offre ?	87
Leçon 24		Être le candidat idéal	90
Bilan 6			92

Évaluation orale 2 ... 93

Évaluation écrite 2 ... 94

Unité 7		**Un peu, beaucoup, passionnément...**	95
Leçon 25		Enquête dans la rue	95
Leçon 26		Tous à la campagne	98
Leçon 27		Les vacances, c'est sacré !	101
Leçon 28		Les Français et les vacances	104
Bilan 7			106
Unité 8		**Tout le monde en a parlé !**	107
Leçon 29		Souvenirs, souvenirs	107
Leçon 30		Fait divers	110
Leçon 31		Ma première histoire d'amour	113
Leçon 32		La 2CV... et autres symboles !	116
Bilan 8			118
Unité 9		**On verra bien !**	119
Leçon 33		Beau fixe	119
Leçon 34		Projets d'avenir	122
Leçon 35		Envie de changement	125
Leçon 36		Un jour peut-être...	128
Bilan 9			130

Évaluation orale 3 ... 131

Évaluation écrite 3 ... 132

Corrigés du cahier d'exercices ... 134

Portfolio ... 143

Introduction

❶ Présentation de la méthode

Fruit d'une longue expérience méthodologique et de pratiques de classe, *Taxi ! 1* est le premier volume d'une méthode de français langue étrangère constituée de trois niveaux.

Taxi ! est une méthode interactive qui développe non seulement les compétences de savoir de l'apprenant mais aussi celles de savoir-faire et de savoir-être.

Taxi ! permet à l'enseignant de mener une classe dynamique à l'aide d'un parcours simple et équilibré tant à l'écrit qu'à l'oral, clairement balisé grâce à la présentation en double page de chaque leçon.

Taxi ! propose donc aux professeurs des séances de cours prêtes à l'emploi avec des activités variées et une vidéo pour la vie pratique.

Chaque niveau couvre environ 90 heures de cours.

Le présent guide pédagogique fournit aux enseignants un accompagnement pédagogique qui leur apporte aide et conseils dans la préparation et l'animation de leurs cours autour du livre de l'élève *Taxi ! 1* et s'inscrit dans un ensemble pédagogique d'apprentissage du français langue étrangère qui comporte deux autres niveaux : *Taxi ! 2* et *Taxi ! 3*.

Pour chacune des neuf unités du livre de l'élève, les enseignants se verront proposer une démarche d'exploitation structurée, qu'il leur conviendra d'adapter en fonction de la diversité des publics d'apprenants dans le respect de la pluralité des cultures éducatives, du rythme et des horaires des cours et des contraintes institutionnelles.

Ce guide propose des principes généraux d'approche pédagogique et une exploitation de chaque unité avec :
– des suggestions concernant l'exploitation des documents sonores et des documents écrits (phase de sensibilisation, phase de compréhension écrite/orale globale, phase de compréhension écrite/orale fine, phase d'exploitation des points de langue) ;
– des indications concernant l'utilisation des rubriques *Grammaire* et *Façons de dire* ainsi que le déroulement et l'enchaînement des activités proposées dans le livre de l'élève ;
– les corrigés de tous les exercices, des propositions de corrigés des activités de productions orale et écrite ;
– les corrigés des épreuves des *Bilans* et des *Évaluations* ;
– les corrigés du cahier d'exercices ;
– le portfolio, qui permet à l'apprenant de s'autoestimer ;
– des informations concernant les points de civilisation abordés.

▶ 1 Public

Taxi ! 1 s'adresse à de grands adolescents ou à des adultes de toutes nationalités, étudiants de français langue étrangère, de niveau débutant, qui souhaitent acquérir rapidement une compétence de communication suffisante pour les échanges sociaux quotidiens et les besoins concrets, au cours – par exemple – d'un voyage dans un pays francophone.

Taxi ! 1 couvre le niveau A1 (niveau « Découverte ») du *Cadre commun européen de référence pour l'apprentissage, l'enseignement et l'évaluation des langues*. La méthode permet à l'apprenant de se préparer à l'unité A1 du DELF 1er degré.

▶ 2 Objectifs

L'objectif général de l'ensemble pédagogique *Taxi ! 1* est de rendre les apprenants capables, en contexte francophone :
– de comprendre et utiliser des expressions familières et quotidiennes ainsi que des énoncés très simples qui visent à satisfaire des besoins concrets ;

– de se présenter ou présenter quelqu'un et poser à une personne des questions la concernant – par exemple, sur son lieu d'habitation, ses relations, ce qui lui appartient, etc. – et de répondre au même type de questions ;
– de communiquer de façon simple si l'interlocuteur parle lentement et distinctement et se montre coopératif.

Pour réaliser ces objectifs, *Taxi ! 1* privilégie une approche fonctionnelle et communicative : les stratégies pédagogiques mises en place favorisent la réactivité de l'apprenant dans son apprentissage de la langue écrite et orale. *Taxi ! 1* entraîne l'apprenant à reconnaître différents supports écrits et à réaliser des minitâches écrites et orales. De plus, *Taxi ! 1* introduit une approche des pratiques culturelles quotidiennes de la France et du monde francophone.

Les objectifs d'enseignement-apprentissage (contenus socioculturels, objectifs communicatifs et linguistiques, phonétique et savoir-faire) sont présentés en sommaire du livre de l'élève (p. 4-7) et au début de chaque unité (page de présentation du thème et des objectifs). On les retrouve aussi au début de chaque leçon de ce guide.

▶ 3 Matériel

La méthode *Taxi !* est composée de trois niveaux. Au niveau 1, l'ensemble pédagogique comprend :
– un livre de l'élève de 128 pages ;
– des enregistrements pour la classe sous la forme de 2 cassettes audio ou de 2 CD audio ;
– un CD individuel pour l'élève reprenant les dialogues des leçons ;
– un cahier d'exercices de 64 pages ;
– un guide pédagogique de 144 pages ;
– une cassette vidéo (Pal ou NTSC).

Ces éléments constituent le matériel de base pour un enseignement-apprentissage qui assure la formation linguistique et culturelle nécessaire à la communication en français langue étrangère à un niveau débutant, ainsi que l'accès aux médias en langue française.

Taxi ! 1 comporte 36 leçons judicieusement présentées en doubles pages afin d'englober d'un coup d'œil les différents aspects et objectifs de chaque leçon (dialogue, illustrations, *Découvrez, Entraînez-vous, Communiquez, Prononcez, Grammaire, Façons de dire*).

• Le livre de l'élève

Il comprend :
– un avant-propos ;
– un tableau des contenus (contenus socioculturels, objectifs communicatifs, objectifs linguistiques, phonétique et savoir-faire) ;
– 36 leçons réparties sur 9 unités (chaque unité comprenant une page de présentation des thèmes et des objectifs, 3 leçons orales, une leçon axée sur l'écrit et un bilan) ;
– trois évaluations (une toutes les trois unités) ;
– une carte de la francophonie ;
– une carte de la France administrative ;
– les transcriptions des enregistrements ;
– un mémento grammatical ;
– l'alphabet phonétique international (A.P.I.) ;
– des tableaux de conjugaison ;
– un lexique multilingue (anglais, espagnol, italien, portugais et grec).

• Les enregistrements pour la classe

Les cassettes audio et les CD ont le même contenu. Ils présentent les dialogues des unités, les exercices d'écoute, les exercices de prononciation, les exercices d'écoute des évaluations orales. Les enregistrements permettent une utilisation collective ou individuelle.

• Le cahier d'exercices

Complément indispensable du livre de l'élève *Taxi ! 1*, le cahier d'exercices permet de renforcer les apprentissages en systématisant les savoirs et les savoir-faire. Il propose des activités prenant en compte le besoin d'autonomie des apprenants. Les corrigés se trouvent à la fin de ce guide pédagogique.

- **Le guide pédagogique**

    Il comprend :
    – une présentation de la maquette du livre de l'élève ;
    – une présentation des principes qui fondent la méthode ;
    – un descriptif détaillé du contenu communicatif, linguistique, phonétique et culturel de chaque leçon et des suggestions d'exploitation ;
    – des informations culturelles et des suggestions d'activités supplémentaires ;
    – les corrigés ou des propositions de réponse pour toutes les activités du livre ;
    – les corrigés du cahier d'exercices ;
    – un portfolio.

- **La cassette vidéo**

    Elle est un excellent complément à l'enseignement de la langue. En effet, elle permet au locuteur, d'une part, d'observer et d'identifier les moyens verbaux et non verbaux mis en place par des Français ou des francophones, et d'autre part, de se familiariser avec les implicites culturels et les expériences quotidiennes. La vidéo de *Taxi ! 1* propose :
    – des petites scènes filmées et jouées par des comédiens ;
    – des reportages présentant différents aspects de la société française et du monde francophone.

    La durée totale de la cassette vidéo est d'une trentaine de minutes.

❷ Structure d'une unité

Chaque unité est constituée de quatre leçons présentées sur des doubles pages qui permettent au professeur et à l'apprenant de se repérer sans peine dans l'ouvrage et d'englober du regard les différentes parties et rubriques d'une même leçon.

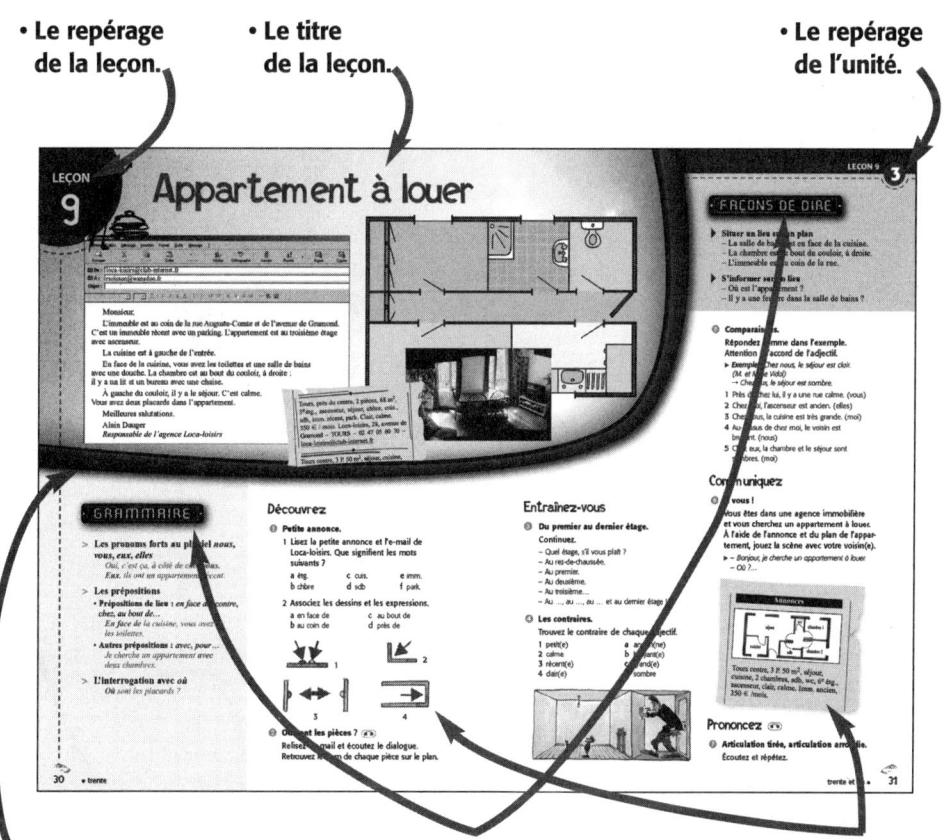

- **Le repérage de la leçon.**
- **Le titre de la leçon.**
- **Le repérage de l'unité.**

- Les apprenants sont dans le taxi, ils découvrent le texte ainsi qu'une illustration dans **le rétroviseur**.

- Les apprenants identifient facilement les rubriques grâce au **logo/plaque d'immatriculation**.

- Des illustrations, des documents intégrés dans les activités aident la réalisation des activités.

Chaque unité est constituée de dix pages.

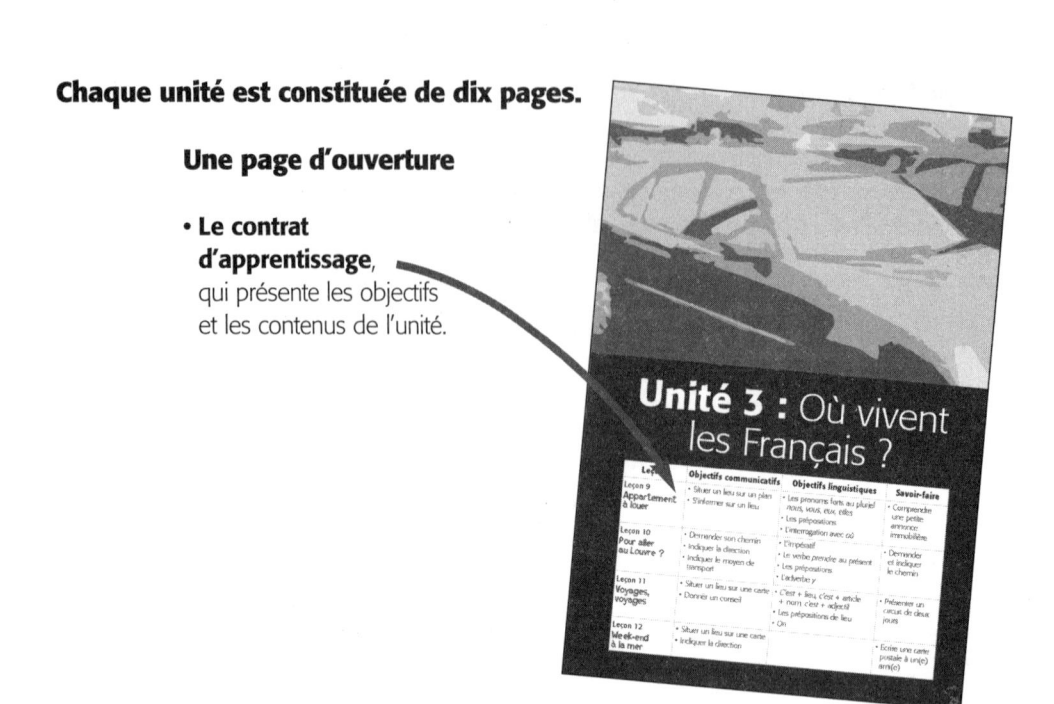

Une page d'ouverture

- **Le contrat d'apprentissage**, qui présente les objectifs et les contenus de l'unité.

Trois leçons d'apprentissage, qui correspondent chacune à une ou deux heures de cours selon les publics.

- **Des activités de découverte** (compréhension globale et détaillée du document déclencheur).

- **Des activités de fixation à l'oral ou à l'écrit** avec des exercices de réemploi.

- **Une activité de repérage dans un document sonore et des productions à l'oral.**

- **Une présentation** pratique et simple **des points de grammaire** abordés dans la leçon.

- **Des activités de phonétique.**

- **Les actes de paroles** étudiés dans la leçon.

8.

Une leçon axée autour de l'écrit
avec deux rubriques

- **Une activité de reconnaissance des différents types d'écrit**, de compréhension des documents proposés.

- **Des minitâches** à réaliser.

Un bilan

- Des exercices de sortie d'unité visant **l'intégration des savoirs**.

Toutes les trois unités, deux pages d'évaluation
(une page *Oral* et une page *Écrit*)

- **Des activités** pour vérifier la bonne compréhension des points de langue abordés portant **sur les quatre compétences**.
- **Certaines de ces activités** préparent directement aux épreuves du **DELF**.

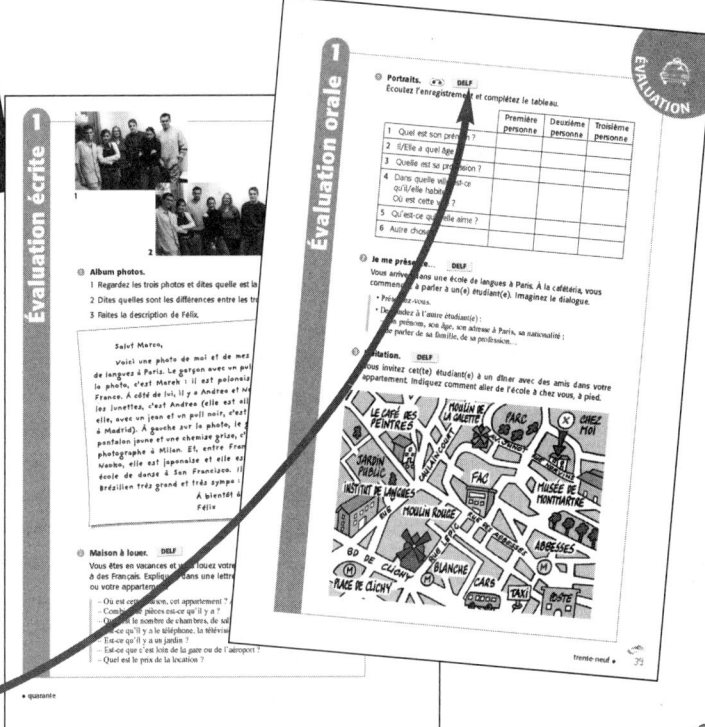

• 9

❸ Caractéristiques de la méthodologie adoptée

▶ 1 Les contenus

La sélection des contenus (en termes de concepts, de méthode et de prise de conscience) s'est faite naturellement en fonction de deux critères de base :
– le choix et la présentation d'une langue authentique : la langue utilisée dans les dialogues, les consignes, les documents, les enregistrements et les exercices donne un aperçu assez représentatif de la langue spontanément utilisée par les Français d'aujourd'hui (culture générationnelle prise en compte) ;
– l'adaptation des situations et des contenus aux besoins des apprenants à travers des thèmes proches de leurs expériences (vie privée, vie professionnelle).

▶ 2 La réflexion systématique sur la langue

• La grammaire

Plusieurs approches de la grammaire sont possibles, dont celle traditionnelle, utilisant la méthode de raisonnement déductif (on explique la règle à l'aide des tableaux pour la faire appliquer ensuite) ou bien celle utilisant la méthode inductive de la conceptualisation (on fait découvrir les règles par l'observation des formes et des structures). C'est cette seconde approche que nous avons choisi de privilégier, sans pour autant exclure les autres, qui peuvent être tout à fait pertinentes.

Dans cette perspective, *Taxi ! 1* présente toujours la grammaire dans le contexte des situations de communication. Les contenus grammaticaux sont considérés comme des outils permettant la communication entre les locuteurs et jamais comme un enseignement purement théorique.

La partie *Grammaire*, présente dans chacune des trois leçons d'apprentissage, aborde la grammaire de façon explicite. La méthode adoptée participe donc de l'hypothèse et de la déduction : dans un premier temps, les apprenants sont mis en contact avec la langue qu'ils observent pour, dans un deuxième temps – et avec l'aide du professeur –, réfléchir ensemble afin de découvrir la ou les règles grammaticales correspondantes.

Le rôle du professeur est donc d'orienter les élèves et de les amener, par ses questions, à découvrir et à réfléchir ensemble au fonctionnement de la langue française (différences, régularités ou irrégularités de la langue). Il ne s'agit donc pas d'apporter simplement des réponses aux exercices ou d'expliquer les règles de grammaire, mais plutôt d'aider les élèves à émettre des hypothèses et à tirer leurs propres conclusions sur le fonctionnement linguistique de la langue française. Les professeurs trouveront dans ce guide pédagogique des conseils pour les guider dans l'utilisation de ce type d'exercice grammatical de conceptualisation.

La rubrique *Grammaire* peut se travailler :
– soit à la fin de chaque leçon. Le travail de conceptualisation se fera au fur et à mesure que les points de grammaire sont abordés dans les dialogues mais la présentation plus formelle des différents points abordés dans cette rubrique ne se fera qu'à la fin de la leçon, comme un récapitulatif. Ce sera aussi l'occasion de développer l'explication de certains points (en donnant plus d'exemples) pour une meilleure compréhension si le besoin s'en fait sentir ;
– soit au fur et à mesure que l'on rencontre les nouveaux points, tout au long de la leçon (c'est cette deuxième approche que nous privilégions dans ce guide).

Il est, bien sûr, envisageable d'expliquer certains points en langue maternelle.

• Le vocabulaire et les actes de paroles

Taxi ! 1 accorde une attention toute particulière à l'enseignement et à l'apprentissage du vocabulaire en tant qu'élément indispensable à la communication. Dans cette optique, la présentation du lexique (en moyenne 25 mots nouveaux par leçon) est également contextualisée et a pour critères le choix de thèmes liés à l'environnement, aux centres d'intérêt et aux besoins des élèves (salutations, présentations, expression des goûts et des centres d'intérêt, activités quotidiennes, loisirs…).

Le lexique abordé lors de chaque leçon est repris dans ce guide pédagogique juste après la présentation des objectifs et des contenus, dans la rubrique *Vocabulaire*.

Un lexique multilingue se trouve à la fin du livre de l'élève.

De la même manière, les actes de paroles sont savamment distillés leçon après leçon, dans la rubrique *Façons de dire*, pour donner aux apprenants une réelle compétence communicative qui leur laisse la possibilité de choisir et d'adapter leur discours *(Saluer, Se présenter, Identifier une personne, Demander l'âge, Exprimer la possession…)* dans le respect des recommandations du *Cadre européen commun de référence* et des objectifs du DELF 1er degré.

• La prononciation

L'objectif principal de *Taxi ! 1* est de permettre aux apprenants de communiquer rapidement en français. La pratique systématique de la prononciation (rythme, syllabation, intonation, discrimination, répétition…) devient alors inévitable, puisque les erreurs de prononciation peuvent entraver la communication.

Les activités de prononciation proposées dans les trois premières leçons de chaque unité sont destinées à faire prendre conscience aux apprenants des particularités du système phonologique français : l'accent tonique, les liaisons et les enchaînements, le e caduc, les semi-voyelles, les voyelles centrales et les voyelles arrondies, les nasales[1]…

Il s'agit, là encore, de donner les moyens aux apprenants de découvrir par eux-mêmes leurs propres difficultés, de corriger leurs erreurs et de progresser dans l'apprentissage de la langue. Ainsi, la correction phonétique, l'intonation et la relation graphie-phonie sont travaillées de façon systématique et progressive.

• Les contenus socioculturels

Ils constituent un élément important de l'approche communicative adoptée dans *Taxi ! 1* et apparaissent sous deux formes dans le livre de l'élève :
– de manière implicite, en se mêlant aux concepts linguistiques ou fonctionnels (actes de paroles) dans les différentes situations de communication. En effet, lorsque les apprenants abordent une fonction linguistique particulière, ils mettent en œuvre les structures, le vocabulaire ou la connaissance de certaines règles de grammaire, mais ils font aussi appel aux normes sociales et à certaines habitudes propres à la culture qu'ils découvrent. Ce sont, par exemple, le choix pertinent du registre de langue (utilisation de *tu* ou *vous* selon l'interlocuteur…), les formules de politesse, les équivalences entre une langue et une autre, etc. *Taxi ! 1* présente des éléments concernant les coutumes, les habitudes ou certains aspects de la vie quotidienne des Français en relation avec la situation de communication ou les actes de paroles étudiés ;
– de manière explicite, dans chaque quatrième leçon des unités – les doubles pages plus particulièrement consacrées à la compréhension et à la production de l'écrit –, où l'objectif est de faire connaître ou d'approfondir les aspects culturels et sociaux relatifs à la vie quotidienne et au patrimoine des Français et des francophones.

La méthode utilisée pour l'enseignement-apprentissage des contenus socioculturels préconise dans un premier temps l'observation, puis, dans un deuxième temps, la réflexion commune (du professeur et des apprenants), pour arriver, dans un troisième temps, à la comparaison des deux cultures. Le rôle du professeur sera de guider les apprenants dans leur analyse et la comparaison de certains aspects des cultures françaises et francophones et des habitudes des locuteurs francophones.

▶ 3 La gestion de la classe

La communication en classe a évolué avec l'avènement de nouvelles approches méthodologiques. Il est maintenant important d'organiser la classe (aussi bien la salle que la durée du cours) en prenant en compte toutes les complexités de la communication. L'archétype traditionnel qui plaçait le professeur au centre de tous les échanges n'est plus le seul modèle. Le professeur est maintenant un interlocuteur dont le rôle ne consiste plus seulement à enseigner (transmettre des informations, expliquer, répondre aux questions…) mais aussi à orienter, informer, conseiller, « apprendre à apprendre », c'est-à-dire favoriser l'autostructuration des connaissances de l'apprenant pour qu'il acquière une certaine autonomie dans son apprentissage.

---

1. L'alphabet phonétique international (A.P.I.) est reproduit p. 117 du livre de l'élève. En ce qui concerne les voyelles nasales, l'A.P.I. dispose de quatre symboles : [ã], [ɔ̃], [ɛ̃] et [œ̃]. Étant donné que l'opposition des phonèmes [ɛ̃] et [œ̃] n'existe plus chez une majorité de locuteurs francophones, nous avons choisi de représenter ces deux sons par le phonème [ɛ̃].

C'est pour concilier la complexité de la communication et les difficultés propres à chaque école ou institut (espace physique et temps limités, disponibilité réduite des professeurs et des apprenants…) et pour aider les professeurs à mieux gérer la préparation et la planification des activités que le présent guide pédagogique propose :
– une exploitation du livre de l'élève avec corrigés des exercices ;
– les corrigés des pages *Bilan* ;
– les corrigés des pages *Évaluation* ;
– les corrigés du cahier d'exercices.

Entre le professeur et les apprenants doit s'instaurer un climat de confiance propice à la participation et à la communication, essentielles à l'enseignement-apprentissage dans un cours de langue.

Pour créer une ambiance agréable, inciter aux échanges en classe et mieux gérer le temps disponible, il convient de :
– faire placer les apprenants en fonction des activités proposées (par deux, en groupes…) ;
– toujours donner des instructions précises (d'abord en français puis en langue maternelle si nécessaire) et vérifier que les apprenants ont compris ce qu'ils doivent faire ;
– déterminer au préalable la durée de l'activité ;
– établir un ordre de passage pour les présentations des activités préparées et donner à chacun l'occasion de prendre la parole ;
– se procurer de la documentation (publicités, brochures touristiques, cartes, photos de personnalités françaises et francophones).

▶ 4 Les compétences communicatives

Dans *Taxi ! 1*, les différentes aptitudes à la communication interviennent dans toutes les étapes de l'apprentissage même si, dans les premières leçons de chaque unité, la priorité est donnée à la communication orale.

• La compréhension orale

Elle constitue l'élément essentiel et le point de départ de chaque leçon. Chacune d'elles démarre par un dialogue en situation, illustré de dessins ou de photos facilitant la compréhension. Afin de faciliter la compréhension globale et d'inculquer aux apprenants les méthodes nécessaires à l'acquisition d'une véritable autonomie d'apprentissage, nous proposons les étapes suivantes.

Avant l'écoute

Afin de familiariser les apprenants à la situation de communication, le professeur posera des questions (issues du guide pédagogique) et proposera des activités (issues du livre de l'élève) pour qu'ils devinent et anticipent le sujet. Ainsi, ils assimileront mieux le sujet lors des écoutes successives.

Que les propositions des apprenants soient exactes ou pas, le professeur se contentera de les guider pour qu'ils découvrent par eux-mêmes la réponse correcte, en vérifiant leurs hypothèses au fur et à mesure des écoutes. Les commentaires précédant l'écoute permettent de susciter un intérêt pour le sujet, de faciliter la compréhension ultérieure et rendent l'activité plus efficace.

Très souvent, la première écoute du dialogue se fera livre fermé ou transcription du dialogue cachée.

Après l'écoute

L'écoute s'accompagne toujours d'un travail concret susceptible de capter l'attention des apprenants et de les aider à distinguer l'important de l'accessoire. L'essentiel est que les apprenants arrivent à mettre en pratique de façon naturelle des méthodes de compréhension globale. C'est pourquoi il est conseillé de faire en sorte que les élèves demeurent attentifs lors des premières écoutes, sans lire, en gardant les livres fermés ou en cachant la transcription.

Les différentes activités proposées ci-dessous ont été élaborées pour permettre d'améliorer la compréhension orale :
– utilisation des illustrations et des photographies du livre de l'élève ;
– formulation de questions clés concernant la situation de communication présentée : *Qui parle ?/ À qui ?/De quoi ?/Où ?*
– repérage de mots clés (en s'aidant du contexte, des familles de mots, des mots transparents, de la synonymie ou de l'antonymie…) ;
– déductions à partir de l'analyse du contexte ;
– exercices de repérage sonore (à l'aide des sons, des intonations, etc.).

• L'expression orale

Deux types d'activités orales ont été définis :

Activités de pratique orale encadrées

Lors de ces activités, l'apprenant met en pratique l'utilisation de certains aspects linguistiques (morphosyntaxe, grammaire, vocabulaire et prononciation), tout en étant corrigé pour être capable, par la suite, de réutiliser ces différents aspects de la langue française sans commettre d'erreurs.

Activités de pratique orale libres

Ces activités portent davantage sur la communication. Les élèves s'impliquent de manière plus personnelle et plus naturelle. Dans ce cas, le contenu (se faire comprendre) prime sur la qualité du français.

Elles apparaissent sous la forme d'activités interactives à faire à deux : création d'un dialogue similaire à celui de la leçon étudiée afin de pratiquer la langue dans des situations proches de celles déjà abordées.

Ces simulations permettent d'améliorer l'aisance tout en développant la capacité d'improvisation des apprenants. Elles supposent beaucoup plus de communication de la part des apprenants qui s'impliquent d'une manière plus personnelle en ayant recours à des gestes, des mimiques, des émotions, etc. On n'effectue ces activités que lorsque les apprenants sont déjà familiarisés avec le contenu de la leçon et peuvent travailler de façon plus autonome.

Dans ce guide pédagogique, plusieurs grandes lignes sont données au professeur pour l'aider dans la réalisation de ces activités.

• La compréhension écrite

L'objectif des premiers cours, alors que le niveau de français est encore très élémentaire, est d'encourager les élèves à bien savoir lire et comprendre la langue française. Nous proposons un travail sur la langue écrite s'inscrivant dans une optique de perfectionnement et de systématisation de la langue apprise oralement. De cette manière, l'accès à la langue écrite est facilité. Les apprenants vont en effet pouvoir mettre à profit des techniques de lecture qu'ils connaissent déjà pour les avoir employées dans l'apprentissage d'autres langues étrangères ou maternelles.

Pour ce premier contact avec la langue écrite, les procédés suivants sont utilisés :
– identification de la langue orale par la lecture des dialogues, par des instructions simples données oralement, par les consignes des exercices du livre de l'élève, etc. ;
– utilisation de textes courts, simples et illustrés qui reprennent le vocabulaire et les expressions déjà connus des élèves. Les textes de la quatrième leçon, après les trois leçons d'apprentissage, permettent de réviser le vocabulaire et les principales structures grammaticales ;
– anticipation du contenu du texte, en ayant recours aux réflexes acquis par l'élève au cours de son expérience en tant que lecteur dans sa langue maternelle ou dans une autre langue (identification du type de document en fonction de sa présentation ou de caractéristiques particulières : carte de visite, mail, message publicitaire, poème, article de journal, etc.) ;
– recherche d'informations grâce au repérage de mots clés et à l'aide du contexte, grâce aux mots transparents, aux mots connus, aux illustrations, aux questions posées par le professeur et aux activités de compréhension écrite du livre.

• L'expression écrite

À ce stade de l'apprentissage, où l'accent est mis d'une part sur les réceptions de l'écrit et de l'oral et d'autre part sur la communication orale, la conception de situations de communication écrite est délicate.

Cependant, *Taxi ! 1* propose deux types d'activités d'expression écrite :
– des exercices encadrés et corrigés (production de textes à partir d'un modèle) ;
– des exercices semi-libres (pour apprendre à rédiger).

L'apprenant remplit une fiche, complète un schéma, rédige de petites productions (carte postale), etc.

Le développement de ces quatre aptitudes à la communication se fait au fur et à mesure des quatre leçons qui forment une unité.

Après les premières unités, il serait bon que la langue française s'impose comme le principal moyen de communication dans la classe, créant ainsi des situations d'échange concrètes.

▶ 5 Les bilans et les évaluations

Dans *Taxi ! 1*, l'évaluation des connaissances se fait en deux étapes : les bilans et les évaluations.

À la fin de chaque unité, les **bilans** aident les apprenants à prendre conscience de leurs réussites et de leurs progrès mais aussi de leurs lacunes et difficultés afin qu'ils puissent s'améliorer. Le but est de responsabiliser les apprenants, pour qu'ils acquièrent une plus grande autonomie d'apprentissage.

Toutes les trois unités, les **évaluations** – qui servent aussi de révision et d'initiation aux épreuves du DELF A1 – guident le professeur dans l'appréciation des résultats des apprenants et lui permettent de mettre en place un système de correction adéquat. Elles lui fournissent également des informations sur son rôle d'enseignant ; il peut ainsi éventuellement réajuster ses méthodes ou, au contraire, conserver celles qui donnent des résultats satisfaisants.

Dans le guide pédagogique, le **portfolio** (p. 143) permet à l'apprenant de s'autoestimer soit au fur et à mesure de son apprentissage, soit en fin d'apprentissage de *Taxi ! 1*. Cette fiche est photocopiable : le professeur peut la mettre à la disposition des apprenants quand il le souhaite.

Taxi ! 1 insiste sur l'aspect formateur de l'évaluation qui constitue une source permanente d'information sur les divers aspects de l'enseignement-apprentissage, utile aussi bien aux élèves qu'aux professeurs. Grâce à ces informations, les professeurs auront la possibilité d'adapter à tout moment leur enseignement aux besoins des apprenants. N'oublions pas que cette démarche est essentielle pour gérer efficacement la diversité. Il est indispensable de prêter constamment attention aux apprenants afin de les aider et de les encourager.

UNITÉ 0

p. 8

• **Contenus socioculturels et cognitif**	– Travailler sur l'image que les apprenants se font de la langue française et de la France – Commencer une réflexion sur leurs représentations – Montrer aux apprenants qu'ils connaissent déjà certains mots de français
• **Objectifs communicatifs**	– Découvrir les salutations et la présentation – Apprendre des phrases utiles en classe : *Je ne comprends pas./Vous pouvez répéter, s'il vous plaît ?/Vous pouvez épeler ?*
• **Phonétique**	– Écouter et répéter des chiffres de 1 à 20 – Prononcer les lettres de l'alphabet français – Épeler des noms propres

Cette unité 0 sert d'introduction au cours de français.
Elle permet au professeur de se faire une idée des représentations que les apprenants se font de la langue française et des Français.
Cette leçon est aussi l'occasion de poser les bases d'un travail efficace et agréable dans la classe. Le professeur rencontre les apprenants pour la première fois et les apprenants découvrent non seulement un nouveau professeur, mais aussi une nouvelle langue et une nouvelle culture. Il ne faut donc pas craindre de passer un peu de temps sur cette leçon.

L'apprentissage linguistique n'est certes pas ici une chose essentielle ; il s'agit principalement de prendre un premier contact et de faire en sorte que l'*a priori* sur le cours, la classe et l'apprentissage soit positif. C'est en démontrant aux apprenants qu'ils en savent plus qu'ils ne le croient sur la France, les Français et la francophonie qu'on encouragera leur motivation. Le but caché de cette unité 0 est véritablement de mettre les apprenants à l'aise, de les réconforter, de leur donner le goût du travail sans jamais les brusquer. La patience, la douceur et le sourire sont d'ailleurs des atouts incontestables.

Toutes les consignes de *Taxi !* sont en français et cette leçon n'échappe pas à la règle : il est important de confronter les apprenants à la réalité linguistique de la classe de français dès le début du cours. La communication en classe se fera donc systématiquement en français, sauf dans les cas où l'on demande aux apprenants d'aborder des sujets de civilisation, occasions où ils pourront s'exprimer en langue maternelle si celle-ci est comprise par l'ensemble de la classe.

Bonne route avec *Taxi !*

Activité de démarrage

▶ Le professeur commence par saluer l'ensemble des apprenants, il introduit ainsi le mot *bonjour*. Il se présente en disant son nom et en l'écrivant au tableau : *Je m'appelle x*. Ensuite, il prend la liste des apprenants et appelle chacun par son prénom. Il « photographie » le visage de chacun puis dit bonjour à la personne en prononçant bien son prénom : le professeur reconnaît et intègre ainsi chacun des membres du groupe.
Le professeur pourra aussi redire son nom (ou prénom) en mettant la main sur sa poitrine puis désigner l'apprenant pour qu'il dise aussi son nom, par mimétisme.

❶ Les mots.

1 ▶ Faire observer les trois couvertures de magazines reproduites p. 8.
Demander aux apprenants, en français, puis en langue maternelle si nécessaire, quels mots ils comprennent.
Écrire au tableau tous les mots reconnus par les apprenants, que ces mots soient français ou non. L'objectif est de démontrer l'universalité de certains mots afin de favoriser les transferts de connaissances (savoir et savoir-faire).

> **Corrigé**
> - Magazine *Zurban* : Halloween, photo, adresse.
> - Magazine *Télé 7 jours* : télé, star, academy, programme, télévision, câble, satellite, €.
> - Magazine *Elle* : elle, Catherine Deneuve, Bagdad, mode, star, libération.

2 ▶ Demander ensuite aux apprenants de compléter la liste du tableau avec d'autres mots dont ils pensent qu'ils sont français.
Faire le tri, au tableau, entre les mots français, les mots étrangers incorporés au français et les mots qui n'ont pas de sens en français.

> **Corrigé**
> Réponses possibles :
> taxi – haute couture – parfum – eau de toilette – Paris – tour Eiffel – Champs-Élysées – baguette – soufflé – purée – crêpe – Nice – Bordeaux – fiancé(e) – monsieur – madame – photo – musique – mail – rendez-vous – week-end…

❷ Les nombres.

▶ Livre fermé, faire écouter les nombres de 1 à 20.
Puis, repasser le même enregistrement, par morceaux : d'abord les chiffres de 1 à 5, puis les chiffres de 6 à 10, puis les nombres de 11 à 15 et enfin de 16 à 20.
Faire répéter chaque série de nombres après l'avoir fait écouter.

Demander ensuite aux apprenants de dire tous les nombres de 1 à 20, de mémoire, en essayant de respecter le plus possible la prononciation française.

▶ Livre ouvert, faire observer l'écriture des nombres.
Faire observer ensuite les nombres de 21 à 1 000, présentés p. 8.
Expliquer aux apprenants qu'il ne s'agit pas de travailler ni d'apprendre maintenant ces nombres mais de savoir qu'à tout moment de leur apprentissage, ils pourront consulter cette page-référence.
Faire remarquer la numérotation des pages du livre de l'élève (en bas de page) : on peut y lire le nombre en chiffres et en lettres.

Pour aller plus loin
▶ Faire pratiquer les nombres en classe.
Attribuer à chaque apprenant un ordre d'intervention (ils parleront les uns après les autres).
Le premier apprenant dira *un*, le deuxième *deux*, etc.
Faire parler chaque apprenant (lorsqu'on arrive à 20, on repart à 1).
Demander aux apprenants d'aller de plus en plus vite.
Dès qu'une personne se trompe, elle est éliminée.
Le gagnant est celui qui ne s'est jamais trompé.
▶ On pourra reprendre ce jeu lorsqu'on étudiera les nombres, au cours des unités 1 et 2.

❸ Les lettres.

▶ Prononcer chacune des lettres de l'alphabet, doucement et distinctement.
Faire répéter les apprenants.
Insister sur le E, le G et le J, le R, le W *(double V)* et le Y *(I grec)*.
Demander à quelques apprenants d'épeler leur nom en français.
Passer à l'exercice.

Pour aller plus loin
▶ Faire observer les photos de personnalités françaises.
Demander d'abord aux apprenants de dire leur nom et ensuite de l'épeler.

Les phrases utiles
▶ En fin de leçon, on demandera aux apprenants d'observer l'encadré *Les phrases utiles*.
Lire la première phrase et en expliquer le sens aux apprenants. Les faire répéter.
Procéder de la même façon avec les deux autres phrases.
▶ Demander aux apprenants de mémoriser ces trois phrases, qui leur seront utiles tout au long de leur apprentissage.

Pour conclure cette première leçon

Il est important que les apprenants s'approprient leur livre et aient une vision synthétique de leur travail et des objectifs visés. Aussi, il faudra prévoir une dizaine de minutes de découverte du livre-outil de base et du cahier d'exercices, outil de travail indissociable.
Toute cette partie pourra se faire dans la langue des apprenants.

▶ Demander aux apprenants de regarder le contenu de leur livre, d'en observer les illustrations pendant quelques minutes.
Demander aux apprenants d'ouvrir leur livre p. 4.
Présenter rapidement le tableau des contenus (p. 4 à 7), puis passer à la page d'ouverture de l'unité 1, p. 9.
Expliquer le contenu d'une unité :
– une page d'ouverture avec les objectifs ;
– trois doubles pages d'apprentissage avec des dialogues ;
– une double page d'écrit ;
– une page de bilan.
Présenter les pages d'évaluations (toutes les trois unités), ainsi que le lexique multilingue, le mémento grammatical et les transcriptions des enregistrements.
Présenter aussi la carte de France p. 106 et laisser les apprenants l'observer quelques instants.

▶ Enfin, expliquer aux apprenants, de manière simple et accessible, l'approche d'enseignement-apprentissage privilégiée dans *Taxi !* : découverte d'un document de façon globale (le plus souvent orale) et du vocabulaire, réflexion sur la langue, entraînement avec des exercices, réutilisation des structures et du vocabulaire étudié dans des jeux de rôles ou de petites productions écrites.

Unité 1 :
En route !

LEÇON 1

Bienvenue !
p. 10-11

- **Contenu socioculturel** — Le savoir-vivre
- **Objectifs communicatifs** — Saluer
  — Se présenter
  — Demander et dire le prénom et le nom
- **Contenus linguistiques** — Les verbes *être* et *s'appeler* au singulier du présent
  — Masculin et féminin
  — L'interrogation avec *qui*
- **Phonétique** — L'intonation montante, l'intonation descendante
- **Savoir-faire** — Saluer et se présenter

VOCABULAIRE

bonjour – un club – être – un(e) étudiant(e) – une femme – français(e) – un homme – italien – madame – un mari – monsieur – une nationalité – un nom – non – oui – un prénom – une question – qui est-ce ? – s'appeler – un(e) voisin(e)

Découvrez

❶ Club Rêvéa.

▶ Livre fermé, faire écouter une première fois les dialogues 1, 2 et 3.
Interroger les apprenants en langue maternelle : *Quels mots avez-vous entendus/compris ?*
Livre ouvert, faire observer l'illustration de l'activité (le badge d'Aline Doré).
Montrer la photo d'Aline Doré, dire : *Qui est-ce ?* et répondre : *C'est Aline Doré.*

Poser la même question à un ou deux apprenants qui doivent répondre à leur tour : *C'est Aline Doré.*
Faire observer les trois illustrations en haut de la double page.
Faire écouter les trois minidialogues une deuxième fois.

▶ Passer à l'activité.

Corrigé
1b, 2c, 3a.

Demander aux apprenants de lire et de jouer les textes des dialogues par groupes de deux.

Entraînez-vous

❷ Qui est-ce ?

▶ Faire repérer dans les dialogues les formes verbales *est, êtes*, ainsi que les pronoms sujets *il, elle* et *vous*.
Demander aux apprenants de consulter la partie *Le verbe **être** au présent* dans la rubrique *Grammaire*, p. 10.
Faire noter la forme infinitive du verbe *(être)*.
Faire noter les pronoms personnels *je, il, elle* et *vous*.
Faire noter les variations (changements de forme) des verbes en fonction des pronoms personnels.

▶ Passer à l'activité.
Faire compléter les phrases en réutilisant les formes verbales *(est, êtes)* et les pronoms personnels *(il, elle, vous)* présents dans les dialogues.

> **Corrigé**
> 1 êtes – êtes.
> 2 Vous – suis.
> 3 est – elle.
> 4 est.
> 5 est – Il.

❸ Jeu.

▶ Faire travailler les apprenants par groupes de deux.
Leur demander de compléter les phrases à l'aide de mots et noms présents dans les dialogues.

> **Corrigé**
> 1 Ferro.   5 française.
> 2 Doré.   6 mari.
> 3 appelle.   7 Qui.
> 4 nom.   8 Vous.

Communiquez

❹ Homme ou femme ?

▶ Avant l'écoute, demander aux apprenants de consulter la partie *Masculin et féminin* dans la rubrique *Grammaire*.
Faire noter la variation masculin/féminin avec les pronoms personnels *il* et *elle* :
Jacques = homme = il
et Aline = femme = elle.
Faire remarquer que le genre du sujet influence l'adjectif : *français* (masculin)/*française* (féminin).

Faire remarquer la différence entre le masculin et le féminin à l'écrit et à l'oral.

▶ Passer à l'écoute des énoncés.
Faire écouter les cinq énoncés.
Au fur et à mesure, demander aux apprenants de dire si la personne qui parle désigne un homme ou une femme.
Dire aux apprenants de faire attention aux pronoms utilisés *(il/elle)* et à la variation *français/française* :
1. **Il** est italien.
2. **Elle** s'appelle **Justine**.
3. Je suis **français**.
4. **Il** s'appelle **Jacques**.
5. **Elle** est français**e**.

> **Corrigé**
> 1 Homme.
> 2 Femme.
> 3 Homme.
> 4 Homme.
> 5 Femme.

❺ À vous !

1 ▶ Mettre les apprenants en sous-groupes.
Donner aux apprenants, si besoin, les formes masculines et féminines de l'adjectif correspondant à leur nationalité sur le modèle présenté dans le dialogue 3 ou dans la rubrique *Grammaire* : *allemand/allemande, anglais/anglaise, autrichien/autrichienne, belge, espagnol/espagnole, français/française, grec/grecque, italien/italienne, polonais/polonaise, japonais/japonaise, suédois/suédoise, suisse…*
Leur demander, comme indiqué dans la consigne, de se présenter et d'interroger leur partenaire sur son identité en réutilisant les expressions des dialogues.

2 ▶ Faire pratiquer la structure *Qui est-ce ? C'est* + nom pour interroger sur l'identité d'une personne dans la classe.
Pour cela, suivre la consigne de l'exercice et demander aux apprenants d'interroger leur voisin à propos d'une troisième personne.

> **Pour aller plus loin**
> ▶ On peut apporter des photos de personnages célèbres (artistes, écrivains connus…) et les faire circuler dans la classe.
> Les apprenants, en sous-groupes, posent successivement la question : *Qui est-ce ?* en montrant du doigt une célébrité. L'un des membres du sous-groupe répond : *C'est* (+ nom de cette célébrité).

Prononcez

❻ C'est une question ?

OBJECTIF : faire remarquer aux apprenants l'importance de l'intonation, seule marque distinctive de l'interrogation dans les exemples suivants (intonation montante = question, intonation descendante = affirmation).

▶ Demander aux apprenants de dessiner un tableau à deux colonnes (une colonne *affirmation* et une colonne *question*).
Faire écouter le premier item.
Demander aux apprenants de cocher la case adéquate.
Recommencer l'exercice si nécessaire.

Corrigé
1 Affirmation.
2 Question.
3 Affirmation.
4 Question.
5 Question.

·[GRAMMAIRE]·

La rubrique *Grammaire* peut se travailler :

• soit en une seule fois **au début de chaque leçon ou après le dialogue de découverte** :
– présenter alors les différents points abordés dans cette rubrique ;
– faire lire les exemples aux apprenants ;
– développer l'explication de certains points (en donnant plus d'exemples…) si le besoin s'en fait sentir.

• soit au fur et à mesure que l'on rencontre les nouveaux points, **tout au long de la leçon** (c'est cette deuxième approche que nous privilégions dans ce guide). Une découverte des règles par l'observation des formes et des structures est parfois proposée.
Il est, bien sûr, envisageable d'expliquer certains points en langue maternelle.

·[FAÇONS DE DIRE]·

Faire observer cette rubrique, qui liste les différentes façons de réaliser les actes de parole étudiés dans la leçon.
Cette rubrique peut être abordée en fin de leçon, comme un récapitulatif ou bien juste avant de réaliser les tâches de la rubrique *Communiquez*.

LEÇON 2

Rencontre p. 12-13

• **Contenu socioculturel**	– Le savoir-vivre
• **Objectif communicatif**	– Identifier une personne
• **Contenus linguistiques**	– Les articles définis au singulier : *le*, *la*
	– Masculin et féminin des noms et des adjectifs
	– *En/Au* + pays, *à* + ville
• **Phonétique**	– La syllabation
• **Savoir-faire**	– Présenter une personne

VOCABULAIRE : allemand – un assistant – un badge – belge – un bureau – un café – une carte de visite – chinois – commercial(e) – un cours – un dentiste – un directeur/une directrice – espagnol – et – habiter – japonais – un photographe – un professeur – un rendez-vous – une rue – une secrétaire – s'il vous plaît – sympa – un téléphone – un thé

Découvrez

❶ À l'institut.

▶ Livre fermé, faire écouter une première fois le dialogue p. 12.
Poser la question en langue maternelle : *Combien de personnes parlent ?*
Faire observer l'illustration du dialogue en haut de la double page.
Poser la question en langue maternelle : *Combien de personnes voit-on ?*
Faire écouter le dialogue une deuxième fois.
Demander aux apprenants de dire les mots qu'ils ont entendus/compris.

1 ▶ Demander aux apprenants si les cinq affirmations listées sont vraies ou fausses (travail individuel ou par groupes de deux).
Demander de proposer une réponse quand l'affirmation est fausse.

Corrigé
a Vrai.
b Faux, elle est allemande.
c Faux, elle est étudiante.
d Faux, elle habite en Suisse, à Lausanne.
e Vrai.

Exercice de réemploi à l'oral
– Montrer du doigt la jeune femme brune de la photo et demander aux apprenants : *Qui est-ce ?* (réponse : *C'est Sandra Schneider.*) ou encore : *Elle est française ?* (réponse : *Non, elle est allemande.*)
– Procéder de la même façon pour les deux jeunes hommes de la photo puis continuer avec d'autres questions sur la localisation :
– *Elle habite en/au (nom du pays des apprenants) ?*
– *Non, elle habite en Suisse, à Lausanne.*
– Demander aux apprenants de lire et de jouer la scène par groupes de trois.

(Expliquer qu'un institut de langues est une école de langues pour adultes. Expliquer aussi – si la question est posée – que le *non* à la fin de la question *C'est Sandra, non ?* signifie que celui qui parle n'est pas très sûr de sa réponse, qu'il hésite un peu.)

2 ▶ Demander aux apprenants d'observer le badge présenté p. 12 (Luigi Enea, italien).
Par groupes de deux étudiants, faire adapter le dialogue aux caractéristiques de ce nouveau personnage et faire attention aux pronoms sujets et à l'accord des adjectifs.
Faire rejouer la scène.

Corrigé
– Qui est-ce ?
– C'est **Luigi**, non ?
– Luigi ?
– Oui, **Luigi Enea**. Il est **étudiant**.
– Et **il** est sympa ?
– Oui. **Il** est dans le cours de français, **il** est **italien**.
– Et **il** habite en France ?
– Non, **il** habite à **Lausanne**, en Suisse (à **Rome**, en **Italie**…).

3 ▶ Livre fermé, faire écouter le deuxième dialogue de la leçon.
Constituer des groupes.
Demander à chaque groupe de repérer les noms et prénoms cités dans le dialogue ainsi que les nouveaux mots de vocabulaire.
Interroger les apprenants.
▶ Passer ensuite à l'exercice.
Demander aux apprenants, en groupes ou seuls, d'associer les personnes (listées de a à e) aux professions (listées de 1 à 5).

Corrigé
a5, b3, c1, d2, e4.

Si besoin, faire écouter le dialogue une deuxième fois.

Entraînez-vous

❷ Homme ou femme ?
▶ Faire écouter les cinq énoncés, en faisant une pause entre chaque énoncé.
Interroger quelques apprenants après chaque énoncé : *C'est un homme, une femme ?*
Corriger si nécessaire et faire lire les phrases transcrites à la fin du livre de l'élève, p. 107.

Corrigé
1 Masculin.   3 Féminin.   5 Masculin.
2 Féminin.   4 Féminin.

❸ Cartes de visite.
▶ Faire observer aux apprenants les trois cartes de visite p. 13.
Demander de repérer les différentes professions (*dentiste, photographe, directrice commerciale*) et les lieux (*Bruxelles, en Belgique*).
Faire écouter les trois minidialogues.
Demander aux apprenants, seuls ou à deux, d'associer chaque carte de visite à un dialogue.

Corrigé
1c Lise Poirot.   3b Amélie Moulin.
2a Francis Monge.

❹ Pays et nationalités.
1 ▶ Demander aux apprenants de compléter les phrases de l'activité avec les prépositions *en* ou *au*.
Leur faire consulter les parties *Les articles définis : le, la* et *En/Au + pays, à + ville* dans la rubrique *Grammaire*, p. 12.
Expliquer qu'on utilise *en* avec un nom de pays féminin et *au* avec un nom de pays masculin.

Corrigé
a au.   c en.
b en.   d en.

2 ▶ Demander aux apprenants de mettre les quatre phrases au masculin.
Leur faire consulter la partie *Masculin et féminin des noms et des adjectifs* dans la rubrique *Grammaire*.
Les exemples sont connus des apprenants sauf *japonais* et *espagnol*, qui fonctionnent comme *chinois(e)*.

Corrigé
a Jun est japonais.
b François est belge.
c Carlos est espagnol.
d Karl est autrichien.

(Faire remarquer que le nom du pays s'écrit avec une majuscule *(Japon, Belgique…)* mais pas l'adjectif *(japonais, belge…)*.)

Communiquez

❺ Au téléphone.
▶ Avant l'écoute, réviser avec la classe les nombres de 0 à 20, p. 8, les écrire au tableau et les lire.
▶ Faire écouter les cinq énoncés.
Demander aux apprenants de noter pour chaque énoncé le numéro de bureau et de poste téléphonique.

Corrigé
1 Bureau 5, poste 15.
2 Bureau 8, poste 18.
3 Bureau 3, poste 13.
4 Bureau 2, poste 12.
5 Bureau 1, poste 11.

❻ À vous !
▶ Mettre les apprenants en sous-groupes.
Leur faire consulter la rubrique *Façons de dire*, p. 13 : *Identifier une personne*.

(On pourra rejouer au jeu des nombres proposé p. 16, dans la rubrique *Pour aller plus loin*.)

▶ Passer à l'activité.
Demander aux apprenants de s'interroger à tour de rôle sur leur identité en réutilisant les expressions des dialogues.
Insister sur la voix qui monte pour la question et sur la bonne utilisation du masculin ou du féminin suivant le cas.
Vérifier la bonne utilisation des articles définis et des prépositions.

| Corrigé
Réponses possibles :
1 Non, je suis dentiste/assistant(e)/directeur/ directrice/secrétaire.
2 Non, je suis chinois(e)/italien(ne)/ japonais(e)/espagnol(e)/belge.
3 Non, j'habite en Italie/en Suisse/ en Espagne/en Belgique/au Japon.
4 Non, je suis dans le cours de français/ d'espagnol/de japonais.

Prononcez

❼ Les syllabes.

OBJECTIF : faire remarquer aux apprenants l'importance de la syllabation (découpage des mots en syllabes : consonne/voyelle) et du rythme dans la phrase française.
▶ Faire écouter le premier item.
Demander aux apprenants de répéter la phrase exactement comme elle est dite en détachant bien les syllabes.
Ensuite, faire lire normalement la phrase.
Procéder de la même manière pour les trois autres items.

LEÇON 3

Ça va bien ? p. 14-15

- **Contenu socioculturel** — Le savoir-vivre

- **Objectifs communicatifs** — Demander des nouvelles d'une personne
  — Demander l'âge, l'adresse, le numéro de téléphone
  — Formes de politesse

- **Contenus linguistiques** — Les verbes *aller* et *avoir* au singulier du présent
  — Les adjectifs possessifs au singulier
  — Les articles indéfinis au singulier : *un/une*
  — L'adjectif interrogatif *quel/quelle*

- **Phonétique** — L'accent tonique

- **Savoir-faire** — Parler de l'autre et s'informer

VOCABULAIRE

une adresse – l'âge – aller – alors – un ami – un an – au revoir – avoir – un bébé – bien – bonne journée – bonne nuit – ça va – une chambre – une clé – comment allez-vous ? – un e-mail – une fille – un garçon – un hôtel – maintenant – merci – un numéro – pardon – parler – une profession – salut

Découvrez

❶ Qui a la parole ? 🎧

▶ Livre fermé, faire écouter une fois le premier dialogue de la leçon.
Demander aux apprenants de repérer le nombre de personnages, leur nom, les mots connus ou nouveaux, de dire combien de questions il y a (voix montante ou descendante).
Livre fermé, faire écouter le deuxième dialogue. Procéder comme pour le dialogue 1.
Livre ouvert, faire observer la photo des bâtiments de Bruxelles (il s'agit des immeubles de la Grande-Place).

1 ▶ Faire lire et commencer à compléter le tableau.
Si nécessaire, faire lire le dialogue 1 transcrit p. 107 et le dialogue 2, p. 14.
Demander aux apprenants de finir de compléter le tableau.

Corrigé

- Comment allez-vous ? (Mme Lebon à M. Legrand.)
- Tu vas bien ? (Lucas à Mathilde.)
- Et vous ? (M. Legrand à Mme Lebon.)
- Et toi ? (Mathilde à Lucas.)
- Et votre bébé ? (M. Legrand à Mme Lebon.)
- Comment va ton ami ? (Lucas à Mathilde.)

(Souligner la différence entre *qui* et *à qui* avec le doigt, lors de la correction de l'exercice, en désignant successivement la colonne *C'est* du tableau et en disant : *C'est qui ? C'est Mme Lebon* (item 1), puis la colonne *À qui ?* en disant : *À M. Legrand*. Le but est de bien faire comprendre la différence entre parler et parler à quelqu'un : la colonne *C'est* = celui/celle qui parle, la colonne *À qui ?* = celui/celle à qui on parle.)

(Faire remarquer la présence de mots comme *tu vas bien ?*, **quelle** est **ton** adresse ?, **une** adresse, **ton** ami dans le dialogue 2 et *moi*, **votre** bébé, **un** garçon, **une** fille, **quel** âge dans le dialogue 1.)

24.

2 ▶ Avant de commencer cet exercice, faire observer la rubrique *Grammaire*, p. 14.
Présenter les adjectifs possessifs masculins (*mon/ton/son*) et féminins (*ma/ta/sa*), ainsi que le possessif *votre* (masculin ou féminin).
Donner des exemples : *Je suis **votre** professeur et vous êtes **mes** étudiants.*

▶ Poser ensuite la question de l'exercice 2 aux apprenants :
– *À qui dites-vous bonjour/vous/votre… ?*
– *À qui dites-vous bonjour/salut/tu/toi/ton… ?*
Donner un exemple de réponse : *Je dis « bonjour » à mon voisin.*
Interroger un apprenant :
À qui dis-tu « salut » ?, etc.
Faire réutiliser les adjectifs possessifs, les noms de professions et le vocabulaire étudiés.

> **Corrigé**
> • Je dis bonjour (vous/votre) à mon professeur, à mon directeur, à ma directrice, à mon voisin, à ma voisine, à mon dentiste, à mon photographe…
> • Je dis bonjour (salut/tu/toi/ton) à mon ami(e), à mon mari, à mon bébé…

Pour cet exercice, les apprenants répondront en français mais pourront éventuellement aussi s'exprimer en langue maternelle. Dans ce cas, le professeur reformulera en français.

3 ▶ Avant de commencer l'exercice, demander aux apprenants d'observer la partie *Les verbes* **aller** *et* **avoir** *au présent* dans la rubrique *Grammaire*.
Faire remarquer la différence de forme du verbe *aller* dans les deux dialogues étudiés : *je **vais** bien/tu **vas** bien/ça **va**/il **va** bien/vous **allez***.
Souligner la ressemblance des formes verbales d'*aller* et d'*avoir* (sauf pour la première personne du singulier).
▶ Passer à l'exercice.
Mettre les apprenants en sous-groupes.
Leur dire de transformer le dialogue p. 14 en utilisant la forme de politesse *vous*.
Rappeler aux apprenants de ne pas oublier de transformer les verbes et les pronoms possessifs.
Faire changer les noms et utiliser, par exemple : *madame Barraud*.
Faire réutiliser le vocabulaire étudié.
Faire jouer la scène.

> **Corrigé**
> Réponse possible :
> – Bonjour, **madame Barraud**, **vous allez** bien ?
> – Oui, ça va bien. Et **vous** ?
> – Je vais bien, merci… J'habite à Bruxelles, maintenant.
> – En Belgique ?
> – Oui, oui, en Belgique.
> – Ah ! C'est bien. Et quelle est **votre** adresse ?
> – Alors, c'est : **François Dupuis**… 15, rue de Namur… à Bruxelles.
> – Et **vous avez** une adresse e-mail ?
> – Oui, c'est **fdupuis@hotmail.com**. Et **vous**, comment va **votre** ami espagnol ?
> – Roberto ? Il va bien, merci. Il parle français maintenant.

Entraînez-vous

❷ Présentations.
▶ Demander aux apprenants de lire la partie *L'adjectif interrogatif* **quel/quelle** dans la rubrique *Grammaire*.
Souligner l'association *quel* + nom masculin et *quelle* + nom féminin.

▶ Passer à l'activité.
Faire compléter les questions avec l'adjectif interrogatif *quel/quelle*.
Faire associer chaque question à sa réponse.

> **Corrigé**
> 1 Quel. 2 Quel. 3 Quelle. 4 Quel.
> 1c, 2d, 3a, 4b.

❸ Paroles.
▶ Demander aux apprenants de lire la partie *Les articles indéfinis au singulier* dans la rubrique *Grammaire*.
Souligner l'association *un* + nom masculin et *une* + nom féminin.
Demander aux apprenants d'associer les mots de vocabulaire qu'ils ont appris à leur article indéfini. Le professeur pourra s'aider de la rubrique *Vocabulaire*, qui se trouve en début de chaque leçon du *Guide pédagogique*.

▶ Passer à l'activité.

> **Corrigé**
> 1 un.   3 une.   5 une – une.
> 2 une. 4 un.

Inviter les apprenants à jouer ces questions par groupes de deux.

• 25

❹ Bingo !

1 ▶ Faire écouter l'enregistrement.
Dire à la classe de répéter les nombres de 21 à 62.
Demander aux apprenants de consulter la transcription de l'enregistrement p. 107.

> **Pour aller plus loin**
> On peut poser la question : *Quels nombres n'ont pas de trait d'union ?*
> Réponse : vingt et un (21), trente et un (31), quarante et un (41), cinquante et un (51), soixante et un (61).

2 ▶ Faire observer la grille du Bingo.
Faire écouter l'enregistrement.
Demander aux apprenants de dire si le nombre entendu est sur la fiche ou non.

> **Corrigé**
> 12 pas sur la fiche. 21 sur la fiche. 27 pas sur la fiche. 32 sur la fiche. 43 sur la fiche. 55 pas sur la fiche. 61 pas sur la fiche. 68 sur la fiche.

(On pourra rejouer au jeu des nombres, proposé p. 16, dans la rubrique *Pour aller plus loin*.)

Communiquez

❺ Ma clé, s'il vous plaît.

▶ Avant l'écoute, donner pour consigne aux apprenants de noter le numéro de la chambre et le numéro de téléphone de l'hôtel.
Faire écouter le dialogue.

> **Corrigé**
> Chambre 23.
> Numéro de téléphone : 01 46 57 38 21.

> **Pour aller plus loin**
> ▶ Demander aux apprenants de situer à quel moment de la journée ce dialogue a lieu (les apprenants peuvent parler en langue maternelle).
> Réponse : c'est en fin de journée, les personnages disent *bonsoir* et non pas *bonjour* au début de la conversation qu'ils terminent par *bonne nuit*.

❻ À vous !

▶ Préparation au jeu de rôles.
Mettre les apprenants en sous-groupes.
Leur faire consulter la rubrique *Façons de dire*, p. 15 : *Demander des nouvelles d'une personne, Demander l'âge, l'adresse, le numéro de téléphone* et *Formes de politesse*.

Ce que vous dites pour...	Ce que l'autre personne dit pour...
• demander des nouvelles d'une personne – *Tu vas bien ?* • demander l'âge, l'adresse, le numéro de téléphone – *Tu as quel âge (Quel est ton âge) ?* – *Quelle est votre adresse ?* – *Quelle est votre profession ?*	• donner des nouvelles de façon polie – *Ça va, merci, et toi ?* • donner des informations – *J'ai 21 ans. Et toi ?* – *J'habite 15, rue de Namur, à Bruxelles.* – *Je suis étudiant/dentiste/directeur.*

▶ Passer au jeu de rôles.
Chaque étudiant interroge son partenaire.
Faire travailler le tutoiement et le vouvoiement.
Production libre.

Prononcez

❼ L'accent tonique.

Objectif : faire entendre et comprendre qu'il existe un accent de phrase en français : il porte sur la dernière syllabe de chaque « unité de sens » (groupe de mots).

▶ Faire écouter l'exemple du livre : *Paul Dufaut // a une adresse e-mail*.
Faire écouter, en marquant une pause entre chacun, les cinq autres énoncés.
Inviter les apprenants à répéter chaque énoncé en insistant sur l'accent tonique (et la syllabation).

(Les autres énoncés sont retranscrits à la fin du livre de l'élève, p. 108.)

LEÇON 4

Correspond@nce
p. 16-17

- **Contenu socioculturel** — La francophonie
- **Objectifs communicatifs** — Se présenter
  — Parler de ses goûts
- **Savoir-faire** — Se présenter par écrit

VOCABULAIRE

à bientôt – aimer – un bar – beaucoup – un(e) boulanger/boulangère – un(e) Canadien(ne) – chercher – le cinéma – un(e) Colombien(ne) – un(e) correspondant(e) – la danse – le football – le golf – un(e) Guyanais(e) – un(e) Ivoirien(ne) – la lecture – la littérature – une mère – la musique classique – la nature – un père – une photo(graphie) – un(e) Québécois(e) – le rap – le rock – un serveur – une sœur – souvent – un sport – un peu – volley-ball

Découvrez

❶ Qui parle français dans le monde ?

1 ▶ Mettre les apprenants en sous-groupes. Attribuer à chaque groupe l'un des cinq e-mails de la double page.
Demander aux groupes de lire leur e-mail et d'y chercher les informations suivantes : nom, âge, nationalité, profession (le cas échéant), passe-temps (ce que la personne aime faire), type de personne recherchée.
Inviter ensuite chaque groupe à présenter à toute la classe la personne qui a écrit l'e-mail en reformulant avec *il* ou *elle* :
Il/Elle s'appelle… Il/Elle habite en/au… Il/Elle aime… Il/Elle cherche…

▶ Inviter ensuite les apprenants à passer à l'exercice.

(L'adresse e-mail azou.abidjan@webzine.com se lit ainsi : azou point abidjan at (ou arobase) webzine point com.
fr = site français et ch = site suisse.)

Corrigé

2 Manu habite en Belgique, à Bruxelles. À Bruxelles, un Belge ou une Belge parle français.
3 Caroline habite au Québec, à Montréal. À Montréal, un Québécois ou une Québécoise parle français.
4 Sandra habite en Guyane, à Cayenne. À Cayenne, un Guyanais ou une Guyanaise parle français.
5 Michaël habite en Suisse, à Lausanne. À Lausanne, un Suisse ou une Suisse parle français.

Infos

La Belgique, le Québec, la Suisse, la Côte d'Ivoire sont des pays francophones mais on y parle aussi d'autres langues que le français. À Bruxelles, on parle français et flamand. À Montréal, on parle français mais aussi anglais. À Lausanne, on parle français, mais en Suisse on parle aussi allemand, italien et romanche. À Yamoussoukro (capitale de la république de Côte d'Ivoire), on parle français.

• 27

2 ▶ Demander aux apprenants d'ouvrir leur livre p. 105 et d'observer la carte de la francophonie.
Poser la question : *Qui parle aussi français dans le monde ?*
Interroger la classe : le but est de partir des connaissances des apprenants et non de faire une liste exhaustive des pays.

> **Corrigé**
> Réponse possible :
> On parle aussi français au Luxembourg, en Guadeloupe, à la Martinique, à la Réunion, à Mayotte, en Haïti, en Nouvelle-Calédonie, en Mauritanie, au Sénégal, en Guinée, au Mali, au Burkina, au Bénin, au Niger, au Tchad, en Centrafrique, au Cameroun, au Gabon, au Congo, au Zaïre, à Madagascar, au Maroc, en Algérie, en Tunisie, en Roumanie, en Bulgarie, en Moldavie, au Laos, au Vietnam, au Cambodge.

▶ Lister au tableau les pays où l'on parle français. Demander aux apprenants de faire des hypothèses quant aux noms des habitants de ces pays.
Écrire ces noms au tableau, à côté du pays correspondant.

❷ Je cherche un(e) correspondant(e).
▶ Mettre les apprenants en sous-groupes.
Faire lire à nouveau tous les e-mails de la page *Correspond@nce*.
Faire lire les descriptifs a à d.
Demander aux apprenants de chercher la personne qui correspond le mieux à Aïcha, Sabine, Luc et Émilie.

Faire envisager toutes les combinaisons possibles et demander pourquoi elles marchent ou pas.

> **Corrigé**
> a2 Aïcha et Manu. (Aïcha a 22 ans et est étudiante en littérature. Manu a 25 ans, est étudiant et aime la lecture.)
> b4 Sabine et Sandra. (Sabine a 30 ans et est professeur de danse. Sandra a 31 ans et aime beaucoup la danse.)
> c1 Luc et Azou. (Luc a 27 ans et aime le cinéma. Azou a 29 ans et va souvent au cinéma.)
> d3 Émilie et Caroline. (Émilie a 20 ans, elle aime le sport. Caroline a 18 ans et elle aime aussi le sport.)
> d6 Émilie et Michaël. (Émilie a 20 ans, elle aime la photographie. Michaël a 22 ans et il aime la photo.)

Communiquez

❸ Et vous ?
▶ Mettre les apprenants en sous-groupes.
Leur demander de dire ce qu'ils aiment faire.
Production libre.

❹ Votre e-mail en français.
▶ Production écrite.
Faire lire l'exemple de l'e-mail proposé.
Demander aux apprenants d'écrire un e-mail sur le même modèle à la personne de leur choix.

BILAN 1

❶ Qui est-ce ?
Corrigé
1 Quel est son nom ?
2 Elle est dentiste.
3 Quelle est son adresse ? Elle habite 25, rue du Bac, à Strasbourg.
4 Quel est son numéro de téléphone ? C'est le 03 21 32 10 01.

❷ Entretien.
Corrigé
– Quel **est** votre nom, s'il vous plaît ?
– Je **m'appelle** Patricia Germain.
– Et vous **avez** quel âge ?
– J'**ai** 23 ans.
– Vous **habitez** à Paris ?
– Non, j'**habite** à Sarcelles.
– Vous **êtes** étudiante ?
– Non, je **suis** serveuse dans un bar.
– Et votre ami ?
– Il **s'appelle** Marc, il **a** 36 ans, il **est** boulanger.

❸ C'est dans quel pays ?
Corrigé
• Bordeaux, c'est en France.
• Rabat, c'est au Maroc.
• Montréal, c'est au Canada.
• Varsovie, c'est en Pologne.
• Vienne, c'est en Autriche.
• Tokyo, c'est au Japon.
• Munich, c'est en Allemagne.
• Dakar, c'est au Sénégal.
• São Paulo, c'est au Brésil.

❹ De Strasbourg à Tokyo.
Corrigé
1 Il est allemand.
2 Elle est italienne.
3 Il est espagnol.
4 Il est belge.
5 Elle est japonaise.

❺ Informations.
Corrigé
1 mon.
2 son.
3 ton.
4 sa.
5 votre.
6 ma.

❻ Quel est son âge ?
Corrigé
1 d.
2 a.
3 b (erreur : elle a cinquante-trois ans).
4 f.
5 c.
6 e (erreur : il a vingt-neuf ans).

Unité 2 : À la découverte des objets

LEÇON 5

Passe-temps

p. 20-21

- **Contenu socioculturel** — Les objets personnels
- **Objectifs communicatifs** — Nommer des objets
  — Montrer et situer des objets
- **Contenus linguistiques** — Le pluriel des articles et des noms
  — Le verbe *être* au pluriel du présent
  — *Il y a*
  — L'interrogation avec *qu'est-ce que*
- **Phonétique** — Les marques orales du pluriel
- **Savoir-faire** — Décrire une pièce et ses objets

VOCABULAIRE

une affiche – une assiette – un blouson – bon – une bouteille – bravo – c'est ça – une chaise – un chapeau – un(e) chat(te) – une étagère – un fauteuil – une fenêtre – une fleur – il y a – un livre – un meuble – un mur – un objet – une pièce – un sac – une table – le téléphone – un vase – un verre

Découvrez

❶ À gauche ? À droite ? 👓

1 ▶ Livre fermé, faire écouter une première fois le dialogue.
Interroger les apprenants : Quels mots ont-ils entendus/compris ?
Livre ouvert, faire observer l'illustration du dialogue.
Faire écouter le dialogue une deuxième fois. Ensuite, faire lire le texte par groupes de deux.

2 ▶ Demander aux apprenants d'associer les mots listés de a à g aux dessins de l'activité.
Corrigé
a4, b3, c5, f6, c7, d2, g1.

Entraînez-vous

❷ Qu'est-ce que c'est ?

▶ Avant de commencer l'activité, faire observer l'illustration p. 21 introduisant *derrière, devant, au-dessous, au-dessus, entre*.
Faire répéter ces mots.

30.

▶ Dans l'illustration en haut de la double page, montrer du doigt le chapeau et dire : *Qu'est-ce que c'est ?*
Interroger la classe. (Réponse : *C'est un chapeau.*) Aider les apprenants à répondre si nécessaire puis répéter la phrase.
Procéder de la même façon pour les mots *affiche, blouson, bouteille, vase* et *fleurs* (attention, pour les mots au pluriel, utiliser *ce sont…*). Demander aux apprenants de consulter la partie *Le pluriel des articles et des noms : articles indéfinis* dans la rubrique *Grammaire*, p. 20.
Faire noter la forme pluriel des articles indéfinis (*des*).
Faire noter la marque du pluriel des noms : -*s*.

1 ▶ Demander aux apprenants de trouver l'objet dont on parle et d'utiliser à chaque fois *un, une* ou *des*.

(On pourra préciser que la question *Qu'est-ce que c'est ?* ne peut être utilisée que pour des objets, et on rappellera que, pour les personnes, on utilise *Qui est-ce ?*)

| Corrigé
| a des photos.   c une chaise.
| b des livres.   d un sac/un chapeau.

2 ▶ Demander aux apprenants de continuer à jouer avec leur voisin(e), chacun interrogeant l'autre à tour de rôle.

| Corrigé
| Réponses possibles :
| • C'est sur le fauteuil. C'est un chat.
| • C'est sur la table, à droite du vase. C'est une assiette.
| • C'est sur la table, entre le verre et le vase. C'est une bouteille.
| • C'est sous les photos, dans le vase. Ce sont des fleurs.

❸ Questions.
▶ Demander aux apprenants de consulter la partie *Le pluriel des articles et des noms : article défini* dans la rubrique *Grammaire*.
Expliquer, en langue maternelle si nécessaire, la différence entre les articles définis et indéfinis. L'article indéfini introduit l'objet représenté par le nom : c'est la première fois que l'on en parle. L'article défini a une valeur de généralisation (*J'aime le sport, la lecture*), permet de préciser ce dont on parle (*Qu'est-ce que c'est ? C'est un blouson. C'est le blouson de Luigi* ou *Qu'est-ce qu'il y a dans la pièce ?*).

▶ Passer à l'activité.
Faire travailler les apprenants par groupes de deux. Leur demander de compléter les phrases à l'aide des articles indéfinis et définis (*un, une, des, le, la, l', les*).
Faire remarquer qu'*il y a* est invariable (faire observer la question 2 de l'activité *Qu'est-ce qu'il y a sur l'étagère ?* et les deux exemples de la partie *Il y a* dans la rubrique *Grammaire*).

| Corrigé
| 1 le, un, le.
| 2 l', des, les.
| 3 le, Un, le.
| 4 Des, des.
| 5 la, une, des, le.

Communiquez

❹ Au restaurant.
▶ Avant l'écoute, demander aux apprenants de consulter la partie *Le verbe être au présent* dans la rubrique *Grammaire*.
Préciser que le pronom personnel *vous* peut servir dans plusieurs situations :
– pour s'adresser de façon polie à une seule personne (voir unité 1, leçon 3, dialogue 1) ;
– pour s'adresser à plusieurs personnes auxquelles on dit *tu*.

▶ Passer à l'activité.
Faire écouter les trois dialogues. Après chaque dialogue, demander aux apprenants de dire où sont situées les personnes dans le restaurant. On peut aussi demander de préciser le nombre de personnes ainsi que le numéro de table (quand il est mentionné).

| Corrigé
| 1 Les trois personnes sont **à gauche, à côté du fauteuil**.
| 2 Les six personnes sont **à droite de la porte**, à la table 4.
| 3 Les quatre personnes sont **sous le miroir**, à la table 7.

❺ À vous !
▶ Demander aux apprenants de consulter la rubrique *Façons de dire*, p. 21 : *Nommer des objets* et *Montrer et situer des objets*.
Faire observer la partie *L'interrogation* dans la rubrique *Grammaire*.

▶ Demander aux apprenants de dessiner une pièce avec des meubles.
Faire travailler chaque apprenant avec son voisin/sa voisine : l'un décrit la pièce, l'autre

• 31

la dessine, puis les deux comparent leur dessin. Faire utiliser la question *Qu'est-ce qu'il y a dans la pièce ?*
Production libre.

Prononcez

❻ Singulier ou pluriel ?

1 OBJECTIF : faire remarquer aux apprenants que l'on entend la différence entre le singulier et le pluriel grâce aux verbes et aux articles.

▶ Demander aux apprenants de dessiner un tableau à deux colonnes (une colonne *singulier* et une colonne *pluriel*) qu'ils compléteront pendant l'écoute.
Faire écouter les énoncés en laissant le temps aux apprenants de cocher la colonne adéquate. Recommencer l'exercice si nécessaire.

> **Corrigé**
> **a** Pluriel.   **d** Singulier.
> **b** Pluriel.   **e** Pluriel.
> **c** Singulier.

2 OBJECTIF : faire travailler les sons [ə], [e], [a] et [y] *(le/les, la/les, du/des)* et la liaison en [z] comme marque du pluriel.

▶ Faire lire les phrases.
Demander aux apprenants de les transformer au pluriel et de les lire.

> **Corrigé**
> **a** Il y a **des affiches** au-dessus **des fauteuils**.
> **b** **Les fauteuils sont** contre **les murs**.
> **c** **Les livres sont** sur **les étagères**.
> **d** **Les photos sont** sur **les murs**.

▶ Leur demander ce qui change dans la prononciation et ce qui indique le pluriel.
Réponse : le verbe change (*est* devient *sont*) ; *il y a* ne change pas.
Les articles changent et, avec eux, les sons prononcés/entendus.
On n'entend pas le son [s] à la fin des mots.
Il y a une liaison en [z] entre les articles pluriels et les mots qui commencent par une voyelle.
Ce sont les articles, les verbes et les quelques liaisons en [z] qui indiquent le pluriel.

LEÇON 6

Portrait-robot p. 22-23

• Contenus socioculturels	– Les objets personnels
	– Les couleurs
• Objectifs communicatifs	– Exprimer la possession
	– Indiquer les couleurs
• Objectifs linguistiques	– Les pronoms *moi, toi, lui, elle, vous*
	– Le verbe *avoir* au pluriel du présent
	– La négation : *ne… pas*
	– L'accord des adjectifs avec le nom
	– Les adjectifs possessifs au pluriel
• Phonétique	– La liaison en [z]
• Savoir-faire	– Décrire une personne avec ses vêtements

VOCABULAIRE

autre chose – des baskets – blanc/blanche – bleu(e) – blond – brun – des chaussures – une chemise – une couleur – d'accord – grand – jaune – un jean – des lunettes – un manteau – noir(e) – un pantalon – une personne – petit(e) – porter – un portrait – un pull-over – une robe – rouge – un T-shirt – vert(e) – un vêtement

Découvrez

❶ Ils sont grands ? petits ?

1 ▶ Livre fermé, faire écouter le dialogue de la page 22.
Demander aux apprenants de dire qui parle *(un homme et une femme)*.
Leur demander de dire les mots qu'ils ont compris ou entendus.
Demander aux apprenants, en langue maternelle, de dire ce que font les personnages *(ils cherchent deux criminels, ils font des **portraits-robots**)*.
Faire observer l'illustration qui présente les couleurs *(blanc, noir, bleu, vert, jaune, rouge)*, p. 23.
Faire observer les illustrations du dialogue.
Faire écouter le dialogue une deuxième fois en donnant pour consigne d'identifier les deux hommes parmi les cinq portraits.

Corrigé
Ce sont les hommes 1 et 5.

2 ▶ Mettre les apprenants par groupes de deux.
Demander aux sous-groupes d'associer chacune des descriptions qu'ils vont entendre au portrait correspondant.
Faire écouter les trois descriptions (Transcriptions, p. 108).
Laisser les apprenants associer portraits et descriptions.
Repasser l'enregistrement une deuxième fois.

Corrigé
a3, b4, c2.

Pour aller plus loin
▶ Montrer à la classe la photo d'une célébrité et la décrire :
Il/Elle porte une chemise/une robe/un pantalon rouge…

• 33

Entraînez-vous

❷ Descriptions.

▶ Faire remarquer aux apprenants la phrase *Sa chemise est verte*, dans le premier dialogue. Leur demander pourquoi on dit *verte* et pas *vert*. Leur demander ensuite de consulter la partie *L'accord des adjectifs avec le nom* dans la rubrique *Grammaire*, p. 22.
Faire observer la phrase *Il porte des chaussures noires*.
Demander aux apprenants de tirer des conclusions des deux exemples. (Réponse : l'adjectif s'accorde en genre et en nombre avec le nom.)
Faire lire les phrases et les faire compléter avec la bonne réponse.

| Corrigé
| 1b, 2b, 3b, 4a, 5a.

(Expliquer aux apprenants que le mot *basket*, comme le mot *chaussure*, est féminin et que l'accord se fait au masculin dans le cas du pluriel de noms de genres différents. (Cas de la phrase 4 : *L'homme et la femme sont petits.*))

❸ Qu'est-ce que vous portez ?

▶ Faire observer la phrase du dialogue : *L'homme brun, lui, il a un blouson*.
La remettre en contexte en disant : *L'homme blond porte un T-shirt et l'homme brun, lui, il a un blouson*, tout en montrant les dessins.
Transposer la phrase au féminin. Pour cela, ouvrir le livre p. 11 (unité 1, leçon 1) et montrer du doigt Aline Doré et Lucie Ferro.
Dire : *Aline Doré porte des chaussures vertes et Lucie Ferro, elle, porte des chaussures bleues*.
Transposer à la première personne : *Moi, j'ai un pantalon jaune et Alberto Ferro, lui, a un pantalon gris. Et vous* ? (Dire la phrase en s'accompagnant du doigt pour montrer les personnes dont on parle.)

▶ Ensuite, faire observer la partie *La négation : ne... pas* dans la rubrique *Grammaire*.
Transformer les phrases négatives en phrases positives.
Insister sur la structure *ne... pas de* + nom.

▶ Passer à l'activité.
Faire travailler les apprenants par groupes de deux. Leur faire lire les exemples de l'activité.

Leur dire de procéder de la même façon avec leur voisin(e) (ils décrivent ce qu'ils portent et utilisent les pronoms toniques).
Faire réutiliser le vocabulaire nouveau.

❹ À qui est-ce ?

▶ Faire observer la partie *Les pronoms moi, toi, lui, elle, vous* dans la rubrique *Grammaire*. Transposer le deuxième exemple. Le professeur montre son sac et interroge la classe : *À qui est le sac ? À vous ? Non, il n'est pas à vous, il est à moi*.

▶ Passer à l'activité.
Demander aux apprenants d'associer les phrases numérotées de 1 à 5 aux phrases numérotées de a à e.

| Corrigé
| 1d, 2b, 3a, 4e, 5c.

❺ À qui sont les vêtements ?

▶ Demander aux apprenants de répondre aux questions, à l'oral ou à l'écrit, comme dans l'exemple.

▶ Les apprenants peuvent consulter à nouveau la partie *La négation : ne... pas* dans la rubrique *Grammaire*.

| Corrigé
| 1 Non, je n'ai pas son T-shirt vert.
| 2 Non, je n'ai pas de chaussures noires. / Non, nous n'avons pas de chaussures noires.
| 3 Non, elle ne porte pas de robe.
| 4 Non, ils n'ont pas de chemise bleue.
| 5 Non, je n'ai pas ses baskets. / Non, nous n'avons pas ses baskets.

Communiquez

❻ Devinettes.

▶ Préparation au jeu de devinettes.
Mettre les apprenants en sous-groupes.
Leur demander de consulter la rubrique *Façons de dire*, p. 23 : *Exprimer la possession* et *Indiquer les couleurs*.
Faire réfléchir les apprenants sur les expressions à utiliser pour formuler les devinettes.

Ce que vous dites pour…	Ce que l'autre personne dit pour…
• décrire une personne	• deviner qui est la personne
– *La personne est blonde.*	– *Est-ce que c'est un homme ?*
• exprimer la possession	• interroger sur la possession
– *La personne porte des lunettes.*	– *Est-ce que la personne a un sac bleu ?*
• indiquer la couleur	• interroger sur la couleur
– *Elle porte des chaussures noires.*	– *Quelle est la couleur de sa robe ?*
• demander la réponse	• donner la réponse
– *Qui est-ce ?*	– *C'est Aline Doré.*

▶ Passer au jeu de devinettes.
Production libre.

Prononcez

❼ La liaison en [z].
OBJECTIF : faire discriminer puis prononcer la liaison en [z].

▶ Faire écouter le premier énoncé.
Demander aux apprenants de le répéter exactement comme il est dit en prononçant clairement la liaison en [z].
Procéder de la même manière pour les quatre autres énoncés.
Écrire si nécessaire les énoncés au tableau en les découpant en syllabes et en soulignant bien les liaisons en [z] : *Ils [z] ont des [z] affiches.*

LEÇON 7

Boutique.net p. 24-25

• Contenus socioculturels	– Les objets personnels – Les couleurs
• Objectifs communicatifs	– Caractériser un objet – Demander et indiquer le prix
• Contenus linguistiques	– L'adjectif interrogatif *quel(le)s* – L'interrogation avec *comment*, *combien* – Les démonstratifs *ce*, *cet*, *cette*, *ces*
• Phonétique	– Les liens entre les mots
• Savoir-faire	– Passer une commande

VOCABULAIRE

alors – aussi – beau – un bon de commande – une boutique – un catalogue – c'est parti – cher – coûter – un euro – grande – gris – joli(e) – un prix – une quantité – une référence – un site Internet – une taille – très – trouver – un type

Découvrez

❶ Le bon de commande.
▶ Livre fermé, faire écouter une fois le premier dialogue de la leçon.
Demander aux apprenants de repérer le nombre de personnages, les mots connus ou nouveaux, de répéter les nombres entendus.
Livre ouvert, faire observer l'illustration du dialogue.
▶ Passer à l'activité.
Faire observer le titre des colonnes du tableau.
Faire écouter le dialogue une deuxième fois.
Demander aux apprenants de compléter le tableau.

Corrigé

Nom	Couleur	Référence	Taille	Quantité	Prix
pantalon	gris	P 19 54	36	1	59 €
pull	bleu et blanc	P 17 56	38	1	39 €

▶ Faire travailler les apprenants par groupes de deux.
Leur demander de lire le dialogue et de vérifier l'exactitude des informations du bon de commande.

Entraînez-vous

❷ Chacun ses goûts.
▶ Demander aux apprenants de lire la partie *Les démonstratifs ce, cet, cette, ces* dans la rubrique *Grammaire*, p. 24.
Souligner les associations *ce* + nom masculin, *cette* + nom féminin et *ces* + nom pluriel.
Indiquer aussi l'existence de *cet* sans trop insister pour le moment.
▶ Passer à l'activité.
Faire compléter les phrases avec un démonstratif : *ce, cette* ou *ces*.

36

Corrigé
1 ces.
2 ce.
3 Ces.
4 Cette.
5 ces.

❸ Ils sont comment ?

▶ Faire observer les questions suivantes du dialogue : *Comment est-ce que tu trouves ce pantalon ? Il y a quelles couleurs ? Et le gris, il coûte combien ?* et *Quelle est sa référence ?*
Demander aux apprenants de lire les parties *L'adjectif interrogatif **quel(s)**, **quelle(s)*** et *L'interrogation* dans la rubrique *Grammaire*.
Leur expliquer que *quel* s'accorde en genre et en nombre avec le mot qu'il précède *(quel, quelle, quels, quelles)*.
Souligner que *combien* interroge sur le prix.
Rappeler la question avec *comment* étudiée dans l'unité 1 : *Comment va ton ami ?*

▶ Passer à l'activité.
Demander aux apprenants de lire les cinq éléments-réponses de l'activité.
Leur demander de trouver la ou les question(s) à l'origine de chaque réponse.

Corrigé
Réponses possibles :
1 Quelle est ta/votre taille ?
2 Il coûte combien ?/Quel est le prix de ces deux pantalons ?
3 Comment est-ce que tu trouves ce pantalon/cette robe ?
4 Comment est le pull/l'homme ?/Et le pull, il est comment ?
5 Quelles sont les références ?

❮ Le professeur pourra dire aux apprenants que *combien de* + nom interroge sur la quantité. Il proposera alors l'exemple :
– Combien de pantalons est-ce que tu as ?
– J'ai cinq pantalons.
L'interrogation sur la quantité sera étudiée à la leçon 17. ❯

❹ De 70 à 1 000.

▶ Faire une révision rapide des nombres de 0 à 62. (Écrire des nombres au tableau et demander à la classe de les lire ou organiser une dictée de nombres : dire des nombres et les faire écrire par les apprenants.)

▶ Passer à l'activité.
Faire écouter l'enregistrement.
Demander à la classe de répéter les nombres de 70 à 1 000.
Faire consulter la transcription de l'enregistrement p. 108.
Attirer l'attention des apprenants sur le réemploi des nombres qu'ils connaissent déjà *(dix, onze, douze…)*.
Faire remarquer que *quatre-vingt-un, quatre-vingt-onze, cent un, cent onze, deux cent un…* diffèrent de *vingt et un, trente et un, quarante et un, cinquante et un, soixante et un* et *soixante et onze*.
Faire remarquer la présence d'un *-s* à la fin de *quatre-vingts, deux cents, trois cents…*
Demander aux apprenants de compléter oralement la liste de nombres *(73, 74, 75, 76, 77, 78, 79… 83, 84, etc.)*

❮ Les chiffres doivent être appris par cœur et régulièrement révisés. ❯
❮ On pourra rejouer au jeu des nombres, proposé p. 16, dans la rubrique *Pour aller plus loin*. ❯

Communiquez

❺ Quel est le prix ?

▶ Avant l'écoute, faire observer l'illustration : un site Internet de vente par correspondance proposant différents articles. Faire observer les photos des articles.
Donner pour consigne aux apprenants de noter le prix de chacun des articles.
Faire écouter les trois enregistrements en marquant une petite pause avant chaque nouvel énoncé.

Corrigé
• Rouge – réf. S 162 – **87 €**.
• Noir – réf. S 163 – **79 €**.
• Réf. M 958 – **1 380 €**.
• Bleu – réf. T 751 – **260 €**.
• Jaune – réf. R 752 – **276 €**.

❻ À vous !

▶ Préparation au jeu de rôles.
Mettre les apprenants en sous-groupes.
Leur faire consulter la rubrique *Façons de dire*, p. 25 : *Caractériser un objet* et *Demander et indiquer le prix*.

Ce que vous dites pour…	Ce que l'autre personne dit pour…
• demander le prix	• indiquer le prix
– *Il coûte combien, le sac rouge ?*	– *Il coûte 87 €.*
• demander l'avis de quelqu'un	• donner son avis
– *Comment est-ce que tu trouves cette table ?*	– *J'aime beaucoup ce type de table.*
• interroger sur la couleur.	• caractériser un objet
– *De quelle couleur est le sac rouge ?*	– *C'est un sac rouge. Il est petit et très joli.*

▶ Passer au jeu de rôles.
Chaque apprenant interroge son partenaire sur l'un des trois articles.
Production libre.

Prononcez

❼ Les liens entre les mots.

OBJECTIF : faire comprendre qu'à l'oral les mots ne sont pas séparés les uns des autres comme pourrait le faire croire l'écrit. Il existe d'autres liens que la liaison en [z] entre les mots qui finissent par *-s* et les mots qui commencent par une voyelle (voir leçon 6).

▶ Faire écouter l'exemple du livre :
C'est [t] un [n] objet.
Avant l'écoute des énoncés, prévenir les apprenants qu'ils vont devoir dessiner les liens qui existent entre les mots.
Faire écouter les cinq énoncés en marquant une pause entre chacun d'eux.
Inviter les apprenants à répéter chaque énoncé en insistant sur les liens entre les mots.

Corrigé
1 Tu as un [n] ami français ?
2 Cet [t] objet est très beau !
3 Son [n] amie a une [n] affiche.
4 Cette [t] étagère est grande ?
5 Elle [l] a un petit [t] ami.

(On a fait le choix dans cet ouvrage de noter les liens entre les mots de deux façons différentes :
– un symbole phonétique entre deux mots accompagné d'un demi-cercle symbolise **une liaison**. Exemple : *un [n] ami* ;
– un symbole phonétique seul symbolise **un enchaînement**. Exemple : *Elle [l] a une piscine*.
Rappelons qu'il y a enchaînement lorsqu'un mot, à l'oral, finit par un phonème consonne et que le mot qui suit commence par une voyelle.
La liaison renvoie à la représentation écrite de la langue : certaines consonnes finales de mot sont prononcées avec la voyelle initiale du mot qui suit.
L'enchaînement, à la différence de la liaison, est obligatoire.)

▶ Demander aux apprenants d'expliquer ce qui se passe dans ce phénomène de lien. (Réponse : la dernière consonne d'un mot associée à un mot qui commence par une voyelle forme une nouvelle syllabe.)

LEÇON 8

Le coin des artistes
p. 26-27

- **Contenus socioculturels** — L'art
  — Les couleurs
- **Objectif communicatif** — Montrer et situer des objets, des personnes
- **Savoir-faire** — Écrire un poème et jouer avec la langue

VOCABULAIRE

un artiste – un couteau – un écrivain – un lit – un miroir – un(e) musicien(ne) – une orange – un peintre – une peinture – un poème – un poète – un sculpteur – un tapis

Découvrez

❶ *À la mie* de Toulouse-Lautrec.

▶ Faire observer le tableau du peintre Toulouse-Lautrec, *À la mie*, peint en 1891.
Mettre les apprenants en sous-groupes.
Leur demander de faire une description orale du tableau en réutilisant les prépositions de lieu, le vocabulaire et les structures grammaticales étudiés.

▶ On évitera de faire un corrigé type à ce stade, afin de ne pas gêner le bon déroulement de l'activité 2. On pourra toujours en proposer un après.

Corrigé
Un homme et une femme sont assis sur des chaises. L'homme porte un chapeau **noir** et un pantalon marron. **La femme porte un chapeau rouge et une chemise blanche.** Sur la table **jaune**, il y a une bouteille, deux verres, une assiette et un couteau. **Les murs sont rouges.**

❷ Quel tableau ?

▶ Les apprenants travaillent seuls.
Faire observer le tableau d'Edgar Degas, *Dans un café ou L'Absinthe*, peint en 1875-1876.
Faire lire les deux textes p. 26.
Demander aux apprenants d'associer le tableau au texte correspondant.
On peut maintenant proposer le corrigé type de l'activité 1.

Corrigé
Texte 1 : c'est le tableau d'Edgar Degas.
Texte 2 : c'est le tableau de Toulouse-Lautrec.

Pour aller plus loin
▶ Demander aux apprenants de lire les dates associées à chacun des deux tableaux.
- Toulouse-Lautrec
  1891 = mille huit cent quatre-vingt-onze.
- Edgar Degas
  1875-1876 = mille huit cent soixante-quinze, mille huit cent soixante-seize.

• 39

> **Infos**
> • **EDGAR DEGAS** (1834-1917) : peintre, graveur et sculpteur français. Il est parvenu à une manière très nouvelle de synthétiser espace, lumière, formes, mouvement (thèmes des courses de chevaux, des danseuses classiques, de la femme à sa toilette, etc.).
> • **HENRI DE TOULOUSE-LAUTREC** (1864-1901) : peintre et lithographe français. Il habitait à Montmartre où il a peint les cabarets, les bals, les maisons closes (*Jane Avril dansant*, 1892), (*Au salon de la rue des Moulins*, 1894). Il est l'un des pères de l'affiche moderne (*La Goulue au Moulin-Rouge*, 1891).

❸ Mais qui sont-ils ?

▶ Faire travailler les apprenants en sous-groupes.
Leur faire lire plusieurs fois les indications de la p. 27.
Leur demander de compléter le tableau en attribuant sa profession à chacun des artistes mentionnés.

> **Corrigé**
> De gauche à droite :
> • Colette (écrivain)
> • Henri Matisse (peintre)
> • Guillaume Apollinaire (poète)
> • Camille Claudel (sculpteur)
> • Claude Debussy (musicien)

(Faire remarquer aux apprenants que tous les noms de profession mentionnés sont au masculin, que l'artiste soit un homme ou une femme.)

> **Pour aller plus loin**
> ▶ Demander aux apprenants de faire des recherches sur ces artistes (bibliothèque, Internet…) et de présenter rapidement, en français, quelques-unes de leurs œuvres (reproduction de sculptures, de tableaux, affiches, livres empruntés à la bibliothèque, disques…).
> ▶ Les apprenants pourront découvrir une œuvre du peintre Matisse p. 27 de leur livre. Le professeur pourra demander aux apprenants, placés en sous-groupes, de faire une description du tableau (objets, couleurs…). Chaque sous-groupe fera une production écrite. Chaque production écrite sera ensuite lue à toute la classe. Les apprenants voteront pour la description la plus fidèle au tableau.

> **Infos**
> • **GUILLAUME APOLLINAIRE** (Wilhelm Apollinaris de Kostrowitzky, dit) (1880-1918) : écrivain français, d'origine italienne et polonaise. Il fut le poète de toutes les avant-gardes artistiques (*Alcools*, 1913 ; *Calligrammes*, 1918), un théoricien (*L'Esprit nouveau et les poètes*, 1917) et un précurseur du surréalisme (*Les Mamelles de Tirésias*, 1917).
> • **CAMILLE CLAUDEL** (1864-1943) : sculpteur français, sœur de l'écrivain et diplomate Paul Claudel. Elle fut l'élève et la compagne de Rodin. On compte, parmi ses œuvres les plus marquantes : *L'Abandon* (1888) ; *L'Âge mur* (1899). Elle passa les trente dernières années de sa vie dans un asile d'aliénés.
> • **COLETTE** (Sidonie Gabrielle Colette, dite) (1873-1954) : écrivain français. Elle fut également comédienne de music-hall et journaliste. Elle a écrit, entre autres, la série des *Claudine* (1900-1903), *Chéri* (1920), *Sido* (1930), *Gigi* (1944).
> • **CLAUDE DEBUSSY** (1862-1918) : compositeur français, auteur de *Prélude à l'après-midi d'un faune* (1894), *Pelléas et Mélisande* (1902), *La Mer* (1905), *le Martyre de saint Sébastien* (1911). Ses recherches harmoniques, son art évocateur, ses *Préludes*, ses *Études pour piano*, son ballet *Jeux* (1912) ont renouvelé le langage musical.
> • **HENRI MATISSE** (1869-1954) : peintre français. Maître du fauvisme, qu'il dépasse amplement, il est l'un des plus brillants plasticiens du XXe siècle. Son œuvre comporte dessins, collages, gravures, sculptures, vitraux. Il est représenté dans les musées du monde entier. En France, deux musées lui sont consacrés, au Cateau-Cambrésis et à Nice.

Communiquez

❹ Et encore ?

▶ Demander aux apprenants de citer les noms d'artistes français, contemporains ou non, qu'ils connaissent.

▶ Écouter les noms mentionnés, les écrire au tableau puis les classer par catégorie : chanteur, acteur, dessinateur, musicien, mannequin, homme politique, etc.

Pour aller plus loin
▶ Faire travailler les apprenants en sous-groupes.
Leur demander de citer leurs artistes préférés (toutes nationalités confondues) pour chacune des catégories de l'activité 4.

❺ Poème.
▶ Faire lire le court poème de Jacques Prévert. En profiter pour faire travailler l'articulation, la syllabation, les liens et la prononciation des voyelles (orales et nasales).
Demander aux apprenants de faire des recherches sur l'auteur.
Leur demander d'écrire un poème sur le même modèle à partir d'un des tableaux de la double page.
Production libre.

Infos
JACQUES PRÉVERT (1900-1977) : écrivain français. Poète formé par le surréalisme, ironique et iconoclaste. Il a écrit de nombreux recueils de poèmes : *Paroles* (1946), *Spectacle* (1951), *La Pluie et le Beau Temps* (1955), *Hebdromadaires* (1972). Mis en musique, quelques-uns de ses textes sont devenus des chansons à succès : *En sortant de l'école* (1945), *Les Feuilles mortes* (1946), *Barbara* (1954). Il a écrit les scénarios et les dialogues d'un nombre considérable de films, dont les plus célèbres furent réalisés par son frère ou par Marcel Carné : *L'affaire est dans le sac* de Pierre Prévert (1932), *Le Quai des brumes* de Marcel Carné (1938), *Les Enfants du paradis* de Marcel Carné (1945), *Le Roi et l'Oiseau*, dessin animé de Paul Grimault (1980).

BILAN 2

❶ Du singulier au pluriel.
Corrigé
1 Vous avez des sœurs ?
2 Les chats ? Ils sont sur les chaises.
3 Oui, nous avons des sacs noirs.
4 Nous sommes étudiantes à Paris.
5 Ils ont les livres de Julie.
6 Vous êtes italiens ?

❷ Le mot mystérieux.
Corrigé
1 contre.
2 sur.
3 devant.
4 dans.
5 gauche.
6 entre.
Le mot est : orange.

❸ C'est non !
Corrigé
1 Non, nous n'avons/je n'ai pas de photos de notre/mon bébé.
2 Non, je n'aime pas ce pantalon.
3 Non, nous n'avons pas/je n'ai pas le sac de Marie-Claire.
4 Non, il ne porte pas de chemise blanche.
5 Non, les clés ne sont pas sur la table.
6 Non, je n'ai pas son numéro de téléphone.

❹ Le mot de la fin.
Corrigé
1c, 2f, 3a, 4e 5d, 6b.

❺ Conversations.
Corrigé
1 leur.
2 Mes – tes.
3 ses.
4 Vos.
5 nos.

❻ Quelle est la question ?
Corrigé
1 Qui est sur la photo ?
2 Comment est-elle ?
3 Quelles sont les couleurs ?
4 Il coûte combien ?/Quel est le prix de… ?
5 Qu'est-ce que c'est ?
6 Qu'est-ce qu'il porte ?

Unité 3 :
Où vivent les Français ?

LEÇON 9

Appartement à louer
p. 30-31

- **Contenu socioculturel** — L'environnement des Français : le logement...
- **Objectifs communicatifs** — Situer un lieu sur un plan
  — S'informer sur un lieu
- **Objectifs linguistiques** — Les pronoms forts au pluriel *nous, vous, eux, elles*
  — Les prépositions
  — L'interrogation avec *où*
- **Phonétique** — L'articulation tirée, l'articulation arrondie
- **Savoir-faire** — Comprendre une petite annonce immobilière

VOCABULAIRE

une agence immobilière – ancien(ne) – un appartement – un ascenseur – avec – une avenue – bruyant(e) – calme – cinquième – clair(e) – un couloir – une cuisine – dernier – deuxième – une douche – une entrée – un étage – un immeuble – louer – meilleures salutations – un mètre carré – un mois – où – un parking – une petite annonce – un placard – un plan – premier – quatrième – récent(e) – un(e) responsable – un rez-de-chaussée – une salle de bains – un séjour – sixième – sombre – des toilettes – troisième

Découvrez

❶ **Petite annonce.**
1 ▶ Faire travailler les apprenants par groupes de deux.

Faire lire la petite annonce et l'e-mail de Loca-loisirs.
Faire relever les mots nouveaux.

• 43

▶ Passer ensuite à l'exercice.
Demander aux apprenants d'associer chacune des six abréviations au mot qui lui correspond.

| Corrigé
| a étage
| b chambre
| c cuisine
| d salle de bains
| e immeuble
| f parking

(Si le sens des mots n'est pas transparent pour tous les apprenants, demander à ceux qui l'ont compris de mimer ce que l'on fait dans ces pièces. À défaut, c'est le professeur qui mime.)

2 ▶ Faire travailler les apprenants par groupes de deux.
Faire observer les dessins et faire lire les expressions.
Demander aux apprenants d'associer chacune des quatre expressions au dessin correspondant.

| Corrigé
| a3, b2, c4, d1.

▶ Inviter les apprenants à consulter la partie *Les prépositions* dans la rubrique *Grammaire*, p. 30.
Présenter les deux nouvelles prépositions : *avec* et *pour*.
Donner des exemples : *Je cherche un appartement pour une amie. Je cherche une chambre avec deux grands lits. C'est un appartement avec deux placards…*

❷ **Où sont les pièces ?**
▶ Faire relire l'e-mail.
Faire écouter une première fois le dialogue.
Demander aux apprenants de citer les mots qu'ils ont compris/entendus.
Faire observer le plan de l'appartement.
Faire écouter le dialogue une deuxième fois.

▶ Demander aux apprenants de retrouver le nom de chaque pièce sur le plan de l'appartement.
Demander aux apprenants de lire la partie *L'interrogation avec* **où** dans la rubrique *Grammaire*.
Interroger ensuite les apprenants en disant : *Où est la cuisine ? Où est la chambre ?…*

   Pour aller plus loin
   ▶ Demander aux apprenants de dire le prénom et le nom de l'homme. (Réponse : Richard Soisson.)

Leur demander ensuite de citer de mémoire les deux questions qu'il pose. (Réponse : *Est-ce qu'il y a une fenêtre dans la salle de bains ?* et *Où sont les placards ?*)
Ensuite, faire lire et jouer avec l'intonation le texte par groupes de deux (Transcriptions, p. 108).
Souligner l'expression *À côté de chez vous*.
Puis utiliser une phrase réemployant le mot *chez*, par exemple : *Dans cet appartement, la chambre est au bout du couloir ; chez moi, elle est à côté du séjour. Et chez vous/ chez toi ?*

Entraînez-vous

❸ **Du premier au dernier étage.**
▶ Montrer du doigt la photo de l'immeuble ou dessiner, au tableau, un immeuble avec un ascenseur extérieur.
Lire le début du texte et montrer en même temps l'ascenseur qui s'arrête à chaque étage.
Insister sur la prononciation des mots *deuxième* [døzjɛm] et *troisième* [tʀwazjɛm].
Continuer à faire monter l'ascenseur et demander aux apprenants de continuer l'énumération : *quatrième, cinquième, sixième… dernier étage.*
Dessiner l'ascenseur à un étage et interroger la classe : *Où est l'ascenseur ?* (Réponse : *L'ascenseur est au …ième étage.*)

(La notion de rez-de-chaussée n'existe pas dans certains pays, le niveau de la rue étant désigné comme premier niveau. Dans ce cas, le premier étage correspond au deuxième niveau. Le faire remarquer aux apprenants des pays concernés.)

❹ **Les contraires.**
▶ Faire travailler les apprenants par groupes de deux.
Leur demander de trouver le contraire de chaque adjectif.
Faire observer le dessin p. 31 pour mettre les apprenants sur la voie.

| Corrigé
| 1c, 2b, 3a, 4d.

Faire remarquer que les adjectifs *calme* et *sombre* ne varient pas en genre.

❺ **Comparaisons.**
▶ Demander aux apprenants de consulter la partie *Les pronoms forts au pluriel* **nous, vous, eux, elles** dans la rubrique *Grammaire*.
Faire réviser toute la série des pronoms : *moi, toi, lui, elle, nous, vous, eux, elles.*

Demander aux apprenants de lire l'exemple de l'activité et de l'adapter aux différentes phrases.

| Corrigé
1 Près de chez vous, il y a une rue bruyante.
2 Chez elles, l'ascenseur est récent.
3 Chez moi, la cuisine est très petite.
4 Au-dessus de chez nous, le voisin est calme.
5 Chez moi, la chambre et le séjour sont clairs.

Communiquez

❻ À vous !

▶ Préparation au jeu de rôles.
Faire travailler les apprenants par groupes de deux.
Leur faire consulter la rubrique *Façons de dire*, p. 31 : *Situer un lieu sur un plan* et *S'informer sur un lieu*.
Faire réfléchir les apprenants sur les expressions à utiliser.

Ce que l'autre personne dit pour…	Ce que l'autre personne dit pour…
• saluer – *Bonjour, madame.* • se présenter – *Je suis monsieur Soisson* • dire ce que l'on cherche – *Je cherche un appartement avec trois grandes chambres.* • s'informer sur un lieu – *Où est l'appartement ?* – *Il y a une fenêtre dans la salle de bains ?* • identifier le prix – *C'est combien par mois ?*	• saluer – *Bonjour, monsieur.* • se présenter – *Je suis la directrice de l'agence.* • interroger la personne – *Qu'est-ce que vous cherchez ?* – *Quel type d'appartement est-ce que vous cherchez ?* • donner des informations – *L'appartement est au coin de la rue de Malte et de l'avenue de la République.* • caractériser – *Ce n'est pas cher. C'est grand et clair.*

▶ Passer au jeu de rôles.
Production libre.

Prononcez

❼ Articulation tirée, articulation arrondie.

OBJECTIF : faire travailler l'articulation des sons [i], [y], [u], [e], [ø], [o], [ɛ], [œ] et [ɔ]. Faire prendre conscience du fait qu'une voyelle doit être bien tendue et qu'elle doit toujours être prononcée de la même façon, quelle que soit sa durée.

▶ Faire écouter la première série de paires minimales.
(On appelle paire minimale deux mots qui ne diffèrent l'un de l'autre que par un seul son. La paire minimale permet de discriminer les phonèmes d'une langue. Exemple : *si/su, matin/malin.*)
Demander aux apprenants de répéter chaque paire minimale après l'avoir entendue.
Le professeur pourra lire lui-même cette première série (Transcriptions, p. 108) en donnant pour consigne aux apprenants d'observer son articulation (position des lèvres) et de l'imiter.
Recommencer l'exercice si nécessaire.
Passer à la deuxième puis à la troisième série en procédant de la même façon.

LEÇON 10

Pour aller au Louvre ?

p. 32-33

- **Contenu socioculturel** — L'environnement des Français : la ville

- **Objectifs communicatifs** — Demander son chemin
  — Indiquer la direction
  — Indiquer le moyen de transport

- **Objectifs linguistiques** — L'impératif
  — Le verbe *prendre* au présent
  — Les prépositions
  — L'adverbe *y*

- **Phonétique** — La différence entre liaisons et enchaînements

- **Savoir-faire** — Demander et indiquer le chemin

VOCABULAIRE

à pied – ah bon ? – arriver – une banque – bien sûr – un bus – continuer – direct – ensuite – entrer – une fac(ulté) – une gare – un jardin – là – loin – le métro – une moto – un musée – passer – un pied – une place – un pont – la poste – prendre – une pyramide – des rollers – traverser – un vélo – une voiture

Découvrez

❶ C'est par où ? 👓

1 ▶ Faire travailler les apprenants par groupes de deux.
Leur demander de regarder le plan et de repérer les éléments listés dans l'activité.

2 ▶ Demander aux apprenants de suivre le chemin indiqué sur le plan en même temps qu'ils écoutent le dialogue.
Faire écouter une première fois le dialogue de la page 32.
Demander aux apprenants de raconter en langue maternelle comment ils ont fait pour arriver jusqu'au Louvre.
Passer l'enregistrement une deuxième fois.
Demander aux apprenants de citer les mots nouveaux.

▶ Demander aux apprenants de lire et de jouer le texte par groupes de deux.

Entraînez-vous

❷ La bonne direction.

▶ Demander aux apprenants de consulter les parties *Le verbe* **prendre** *au présent* puis *L'impératif* dans la rubrique *Grammaire*, p. 32.
Faire observer les trois radicaux du verbe *prendre* (prend-, pren-, prenn-) ainsi que les terminaisons au présent.
Puis faire noter l'absence de pronom personnel à l'impératif.
Faire ensuite observer le début de la partie *Les prépositions* (**Au** et **Du**).

▶ Passer à l'activité.
Demander aux apprenants de lire le dialogue une nouvelle fois.
Faire associer les éléments de la colonne de gauche aux éléments de la colonne de droite.

| Corrigé
1c et g, 2f, 3b, 4e, 5b, 6d, 7h, 8a.

Demander aux apprenants d'expliquer pourquoi *vous arrivez* peut être suivi de *à* ou de *au*. (Réponse : *vous arrivez à* + mot féminin, *vous arrivez au* + mot masculin.) (Voir la partie *Les prépositions* dans la rubrique *Grammaire*.)

❸ Du *vous* au *tu*.

▶ Demander aux apprenants de transformer les indications en passant du *vous* au *tu* (pour un ami) : cela concerne les verbes (comme dans l'exemple) mais aussi les adjectifs possessifs.
Faire observer l'exemple : pour passer du vouvoiement au tutoiement à l'impératif, il suffit d'enlever le *-z* final à la forme de vouvoiement. (*Passez → passe*.)

| Corrigé
| **Prends** la rue devant la poste puis **continue** tout droit. **Va** jusqu'à la fac à **ta** gauche.
| **Traverse** la Seine sur le pont. **Tourne** à droite : **entre** dans le musée sous la pyramide.

❹ Vous allez où ?

▶ Faire observer l'exemple.
Demander aux apprenants de répondre aux cinq questions comme dans l'exemple.

| Corrigé
| 1 Oui, elle y est.
| 2 Oui, j'y passe.
| 3 Oui, il y entre.
| 4 Oui, nous y arrivons.
| 5 Oui, nous y entrons.

▶ Faire observer la partie *L'adverbe y = à + lieu* dans la rubrique *Grammaire*.

Communiquez

❺ Quel est le moyen de transport ?

1 ▶ Demander aux apprenants de regarder les dessins et de lire les légendes.

2 ▶ Interroger la classe. Poser la question de l'exercice : *En général, vous utilisez quel moyen de transport ?*

| Corrigé
| Réponses possibles :
| En général, je vais chez moi à vélo/à pied/ en métro.
| Je vais à la poste à pied.
| Je vais à l'université en voiture/à moto.
| Nous allons au jardin des Tuileries en bus.

3 ▶ Proposer aux apprenants de dessiner le tableau suivant et de le compléter au fur et à mesure de l'écoute des dialogues.

	Où va la personne ?	Avec quel moyen de transport ?
1		
...		

Faire écouter les trois minidialogues à la classe. Après chaque dialogue, demander aux apprenants de compléter le tableau.
Faire écouter les dialogues une deuxième fois pour vérifier les réponses.

| Corrigé

	Où va la personne ?	Avec quel moyen de transport ?
1	à la gare	en bus (ligne 10)
2	à la poste	à pied
3	à la fac	en métro

▶ Demander aux apprenants de lire et de jouer à deux ces trois dialogues (Transcriptions, p. 109).

❻ Quel est le chemin ?

▶ Préparation au jeu de rôles.
Faire travailler les apprenants par groupes de deux.
Leur faire consulter la rubrique *Façons de dire*, p. 33 : *Demander son chemin*, *Indiquer la direction* et *Indiquer le moyen de transport*.
Faire réfléchir les apprenants sur les expressions à utiliser.
Faire travailler les apprenants avec le plan, en partant de la station de métro rue du Bac.

Ce que l'autre personne dit pour…	Ce que l'autre personne dit pour…
• demander son chemin	• indiquer la direction
– *Pardon, madame, je cherche la poste.*	– *Allez tout droit jusqu'à la banque et tournez à gauche.*
– *L'hôtel des Arts, c'est par où ?*	
• indiquer le moyen de transport	• s'informer sur le moyen de transport
– *J'y vais en bus.*	– *Comment est-ce que vous y allez ?*

▶ Passer au jeu de rôles.
Production libre.

Prononcez

❼ Liaisons et enchaînements.

OBJECTIF : faire repérer, prononcer et systématiser les liaisons en [z] et les enchaînements.

1 ▶ Faire écouter l'exemple.
Demander aux apprenants de le répéter exactement comme il est dit en prononçant clairement les liaisons en [z] : *vous_avez*.
Procéder ainsi pour les cinq énoncés.
Écrire si nécessaire les énoncés au tableau en soulignant bien les liaisons en [z].
a Vous [z] êtes des [z] étudiants.
b Vous [z] avez des [z] affiches ?
c Vous [z] allez chez vos [z] amis.
d Elles [z] ont des [z] euros.
e Ils [z] entrent dans [z] un hôtel.

Faire remarquer l'enchaînement présent dans l'énoncé e : *un* [n] *hôtel*.

2 ▶ Faire écouter l'exemple.
Demander aux apprenants de le répéter exactement comme il est dit en prononçant clairement l'enchaînement : *elle_a*.
Procéder de la même manière pour les cinq énoncés.
Écrire si nécessaire les énoncés au tableau en soulignant bien les enchaînements.
a Il [l] est à l'hôtel.
b Elle [l] a un chat.
c Il [l] y a un musée.
d Il [l] entre à l'université.
e Elle [l] habite au troisième [m] étage.

LEÇON 11

Voyages, voyages p. 34-35

- **Contenus socioculturels**
  - L'environnement des Français : le logement à l'hôtel
  - Découverte touristique d'un département d'outre-mer (la Réunion)

- **Objectifs communicatifs**
  - Situer un lieu sur une carte
  - Donner un conseil

- **Objectifs linguistiques**
  - *C'est* + lieu, *c'est* + article + nom, *c'est* + adjectif
  - Les prépositions de lieu
  - *On*

- **Phonétique**
  - Les liaisons interdites

- **Savoir-faire**
  - Présenter un circuit de deux jours

VOCABULAIRE : un aéroport – une agence de voyages – l'air conditionné – une carte – un circuit – un conseil – l'est – un hélicoptère – une île – un jour – juste – une mer – le nord – l'ouest – parfait – une piscine – une plage – puis – une réception – un restaurant – le sud – une télévision – une terrasse – une ville – visiter – voilà – un voyage – un week-end

Découvrez

❶ C'est où ?
▶ Faire observer la carte de la francophonie, p. 105, ainsi que la rose des vents, p. 34. Demander aux apprenants de situer l'île de la Réunion, comme dans l'exemple.

> **Corrigé**
> Réponses possibles :
> L'île de la Réunion, c'est à côté de l'île Maurice/ à l'est de Madagascar/au sud des Seychelles./ Ce n'est pas près de l'Australie./C'est dans l'océan Indien.

❷ Une semaine à la Réunion.
1 ▶ Demander aux apprenants de cacher le dialogue en haut de la double page.
Faire lire les questions de l'exercice 1 (a, b et c) pour qu'ils aient une tâche précise à remplir pendant l'écoute.

Puis, faire écouter l'enregistrement une première fois.
a Interroger les apprenants.

> **Corrigé**
> Les deux personnes sont dans une agence de voyages.

b Poser la question b à la classe.

> **Corrigé**
> À l'hôtel Neptune, il y a un bar, deux restaurants et une piscine. Dans la chambre il y a une salle de bains, le téléphone et l'air conditionné.

c Demander aux apprenants de situer trois villes de l'île : Saint-Denis, Saint-Paul et Saint-Pierre. Faire observer la carte de l'île en haut de la page.

> **Corrigé**
> Saint-Denis est au nord de l'île.
> Saint-Paul est à côté de l'hôtel.
> Saint-Pierre est au sud de l'île.

• 49

▶ Demander aux apprenants de consulter la partie *Les prépositions de lieu* dans la rubrique *Grammaire*, p. 34.

(On peut aussi demander aux apprenants de situer l'hôtel. *(L'hôtel est au bord de la mer.)*)

2 ▶ Faire lire le dialogue par groupes de deux.
Faire lire la question de l'exercice 2.
Faire réfléchir les groupes de deux quelques instants puis interroger la classe.

| Corrigé
| Réponse **a**.

▶ Demander aux apprenants de lire la partie *On* dans la rubrique *Grammaire*.

Pour aller plus loin
▶ Demander aux apprenants de situer leur pays par rapport aux pays voisins et la ville où ils se trouvent par rapport aux grandes villes du pays.

Entraînez-vous

❸ Conseils.
▶ Faire travailler les apprenants par groupes de deux.
Faire lire les différents items de l'exercice.
Demander aux apprenants d'associer les quatre conseils numérotés de a à d aux énoncés numérotés de 1 à 4.

| Corrigé
| 1b, 2d, 3c, 4a.

❹ Où et comment ?
▶ Demander aux apprenants de relire la partie *Les prépositions de lieu* dans la rubrique *Grammaire*.

Faire compléter les phrases de l'activité avec une des prépositions de lieu proposée.

| Corrigé
| 1 Nice est **au sud de** la France, **au bord de** la Méditerranée.
| 2 On visite la ville **à** pied ou **en** bus ?
| 3 La visite continue **sur** la Seine, **en** bateau.
| 4 On est **dans** un hôtel **en face de/au bord de** la mer.
| 5 Ils vont **à/au sud de** Marseille ce week-end.

Communiquez

❺ Quel hôtel choisir ?
▶ Avant l'écoute, faire lire les questions 1 et 2 de l'activité.
Faire écouter le dialogue.

| Corrigé
| 1 L'hôtel Marina est au sud, l'hôtel Continental est à l'ouest.
| L'hôtel Marina est au bord de la mer, l'hôtel Continental a une piscine.
| Les chambres de l'hôtel Marina ont une terrasse et la télévision, pas les chambres du Continental.
| 2 La personne de l'agence conseille l'hôtel Marina : il est au bord de la mer et est très sympa.

▶ Demander aux apprenants de consulter la transcription de ce dialogue, p. 109, puis de jouer la scène par groupes de deux.

❻ À vous !
▶ Préparation au jeu de rôles.
Faire travailler les apprenants en groupes.
Faire lire la consigne de l'activité.
Leur faire consulter la rubrique *Façons de dire*, p. 35 : *Situer un lieu sur une carte* et *Donner un conseil*.
Faire réfléchir les apprenants aux expressions à utiliser.

Ce que vous dites pour…	Ce que l'autre personne dit pour…
• situer un lieu sur une carte	• demander où est un lieu
– *Saint-Denis est au nord de l'île de la Réunion.*	– *Où est Madagascar ?*
• présenter un circuit	• s'informer sur un lieu
– *Le premier jour, vous arrivez à l'aéroport et vous allez à l'hôtel en taxi.*	– *Il y a l'air conditionné ?*
– *Le deuxième jour, vous visitez la ville à pied et vous allez au musée Matisse.*	– *Est-ce que l'hôtel est au bord de la mer ?*
– *Le troisième jour, vous visitez l'île en face de l'hôtel en hélicoptère.*	• interroger la personne
	– *Est-ce que c'est cher ?*
– *Le dernier jour, vous allez à la plage et vous prenez un taxi pour l'aéroport.*	• donner son avis
	– *Ce n'est pas cher et c'est sympa.*
• donner un conseil	
– *Visitez le musée, c'est sympa.*	

▶ Passer au jeu de rôles.
Production libre.

Prononcez

❼ Liaisons interdites.

OBJECTIF : faire entendre et comprendre qu'on ne fait pas de liaisons entre les verbes au présent et ce qui vient juste après, même si le mot commence par une voyelle.

▶ Faire écouter le premier énoncé.
Faire remarquer qu'il n'y a pas de liaison en [z] entre un verbe au présent et ce qui le suit.
Inviter les apprenants à répéter l'énoncé.
Faire écouter les autres énoncés.

Les faire répéter au fur et à mesure.
(Attention à ne pas faire de fausse liaison !)

| Corrigé
| 1 [nuzalɔ̃ // aplaʒ]
| 2 [vuʒɛt // apje]
| 3 [vuzale // alotɛl]
| 4 [vuzave // ynʃɑ̃bʀ]
| 5 [vizite // apje]

Autre exemple de liaison interdite : nos amis // arrivent.

LEÇON 12

Week-end à la mer p. 36-37

- **Contenu socioculturel** — Découverte touristique d'une ville française (La Rochelle)
- **Objectifs communicatifs** — Situer un lieu sur une carte
  — Indiquer la direction
- **Savoir-faire** — Écrire une carte postale à un(e) ami(e)

VOCABULAIRE

un aquarium – un avion – un bateau – les beaux-arts – un billet – une bise – une brochure – une carte postale – une destination – gratuit – un hôtel de ville – intéressant – un kilomètre – maritime – l'office de tourisme – un port – un quai – un TGV – une tour – un train

Découvrez

❶ La Rochelle, c'est où ?

1 ▶ Faire observer la carte de France, p. 106. Demander à la classe de dire où se trouve la ville de La Rochelle.

> **Corrigé**
> La Rochelle est à l'ouest de la France, au bord de la mer. Cette ville est entre Nantes et Bordeaux. C'est au sud-ouest de Paris.

2 ▶ Faire travailler les apprenants en sous-groupes.
Leur demander de lire les affirmations a à g.

Leur faire chercher les réponses à ces questions dans le document reproduit sur la double page.

> **Corrigé**
> a Vrai.
> b Faux. (On n'y va qu'en bateau.)
> c Faux. (De 0 à 3 ans : gratuit.)
> d Vrai.
> e Faux. (L'entrée est au 28, rue Gargoulleau.)
> f Vrai. (L'aquarium et le Musée maritime sont quai Louis-Prunier.)
> g Faux. (Un billet pour visiter l'hôtel de ville coûte 3 €.)

52 •

Infos

On pourra expliquer aux apprenants, en langue maternelle, qu'un hôtel de ville n'est pas un hôtel où l'on loue des chambres mais une mairie.

Le nom *hôtel* est donné à d'autres édifices publics : l'hôtel des ventes (bâtiment où se trouvent les salles de ventes, par exemple : Drouot, Christie's…), l'hôtel des impôts (bâtiment public où travaillent les fonctionnaires qui perçoivent les différents impôts), l'hôtel-Dieu (nom parfois donné au principal hôpital d'une ville quand celui-ci est ancien).

❷ Devant l'hôtel de ville.

▶ Faire observer le plan de La Rochelle.
Demander aux apprenants de localiser l'hôtel de ville.

▶ Passer à l'activité.
Faire écouter le premier enregistrement une fois.
Demander aux apprenants de dire où veut aller la première personne.
Si les apprenants ne sont pas d'accord sur la réponse, faire écouter l'enregistrement une deuxième fois.

> **Corrigé**
> La personne 1 va au musée du Nouveau-Monde.

Demander aux apprenants d'imaginer la question que la personne a posée pour avoir ces renseignements. (Réponse : *C'est où, le musée du Nouveau-Monde ?/Pardon, monsieur, je cherche le musée du Nouveau-Monde.*)

▶ Faire écouter le deuxième enregistrement une fois.
Demander aux apprenants de dire où veut aller la deuxième personne.
Si les apprenants ne sont pas d'accord sur la réponse, faire écouter l'enregistrement une deuxième fois.

> **Corrigé**
> La personne 2 va visiter les trois tours.

Demander aux apprenants d'imaginer la question que la personne a posée pour avoir ces renseignements. (Réponse : *Pour aller aux trois tours, s'il vous plaît ?/Pardon, monsieur, je cherche les trois tours.*)

Communiquez

❸ À l'office de tourisme.

▶ Faire travailler les apprenants par groupes de deux.
Leur faire lire l'exemple.
Puis, leur demander de s'interroger mutuellement (ils jouent alternativement l'employé(e) de l'office de tourisme et le/la touriste).

> **Corrigé**
> Réponses possibles :
> 1 Oui, monsieur/madame, c'est bien ici et c'est 3 €.
> 2 On va sur l'île de Ré en bus, en voiture, à vélo ou en bateau.
> 3 L'entrée de l'aquarium pour un étudiant, c'est 8 €./L'entrée de l'aquarium pour un étudiant coûte 8 €.
> 4 Bonjour, monsieur/madame. Non, il n'y a pas de bus pour aller à Bordeaux mais il y a un train La Rochelle-Bordeaux.

Infos

Pour composer un numéro de téléphone en France depuis l'étranger, après le 33 (indicatif de la France), on compose le numéro sans le 0 (c'est-à-dire neuf chiffres).

Pour composer un numéro de téléphone en France, il faut compter dix chiffres : on compose le 0.

❹ Carte postale.

▶ Faire lire la carte postale de Mélina.
Demander aux apprenants d'écrire une carte postale de La Rochelle à un(e) ami(e).

> **Corrigé**
> Réponse possible :
> Cher Luigi,
> Comment vas-tu ? Je suis à La Rochelle, dans l'ouest de la France, avec mon amie Isabelle. Cette ville est très sympa. Nous habitons à l'hôtel Concorde, près du port des Minimes. Nous sommes dans une grande chambre au premier étage. La rue est bruyante : nous sommes au-dessus d'un bar.
> Avec Isabelle, on visite les musées : ils sont intéressants et pas chers ! Maintenant, la mer est calme : nous allons visiter l'île d'Aix en bateau.
> Je te téléphone bientôt,
> Bises,
> Monica

BILAN 3

❶ Mots croisés.
Corrigé
1 immeuble.
2 pièces.
3 clair.
4 étage.
5 ascenseur.
6 placards.

❷ Orientations.
Corrigé
1b, 2a, 3b, 4b, 5a, 6b.

❸ C'est à vous ?
Corrigé
1 – Oui, elle sont à moi/à nous.
2 – Oui, ils sont à elles.
3 – Oui, il est à toi.
4 – Oui, il est à lui.
5 – Oui, ils sont à eux.

❹ Où est la poste ?
Corrigé
1 **a** La poste ? Alors, **allez** tout droit et **prenez** la première rue à gauche. Là, il y a un pont ; **traversez** le pont et **passez** devant le musée d'Art moderne. La poste est à côté du musée.
b La poste ? Alors, **va** tout droit et **prends** la première rue à gauche. Là, il y a un pont ; **traverse** le pont et **passe** devant le musée d'Art moderne. La poste est à côté du musée.
2 Dans le premier dialogue, l'homme indique le chemin et utilise *vous*.
Dans le deuxième dialogue, Paul indique le chemin à un ami et il utilise *tu*.

❺ Méli-mélo.
Corrigé
1 On y va en avion ou en train ?
2 C'est un hôtel au bord de la plage.
3 Prenez la première rue à gauche.
4 Pardon, monsieur, le musée du Louvre, c'est où ?
5 Allons-y avec le bus numéro 12.

Évaluation orale 1

p. 39 **ÉVALUATION**

❶ Portraits. DELF

Corrigé

		Première personne	Deuxième personne	Troisième personne
1	Quel est son prénom ?	Cécile	Sylvain	Marie
2	Il/Elle a quel âge ?	24 ans	35 ans	On ne sait pas
3	Quelle est sa profession ?	étudiante en cinéma	boulanger	photographe
4	Dans quelle ville est-ce qu'il/elle habite ? Où est cette ville ?	Rennes, dans l'ouest de la France	Bordeaux, dans le sud-ouest de la France	Montpellier, dans le sud de la France
5	Qu'est-ce qu'il/elle aime ?	la danse, la lecture et le cinéma	le cinéma, surfer sur Internet et le rugby	sa maison et la mer
6	Autre chose ?	Elle habite chez ses parents avec son frère. Elle prend des cours de salsa.	Le dimanche, il va souvent voir des matchs de rugby.	Elle cherche un travail.

❷ Je me présente… DELF

Corrigé

Façons de dire :

- **Se présenter**
  – Bonjour, je m'appelle *(prénom)*, j'ai *(âge)* ans et je suis *(nationalité)*. J'apprends le français et c'est mon premier jour dans cette école de langues. J'aime Paris, c'est très joli. J'habite avec une famille française.

- **Demander le prénom, l'âge, l'adresse à Paris, la nationalité**
  – Et toi, comment t'appelles-tu/comment est-ce que tu t'appelles ? Tu as quel âge ? Tu habites où à Paris/Où est-ce que tu habites à Paris ? Tu es de quelle nationalité/De quelle nationalité est-ce que tu es ?

- **Demander de parler de sa famille, de sa profession**
  – Est-ce que tu as un frère ou une sœur ? Est-ce que tu écris à ta famille parfois ? Quelle est ta profession ? Est-ce que tu aimes ta profession ?

❸ Invitation. DELF

Corrigé

Bien, alors, pour venir chez moi, tu prends la rue Caulaincourt et tu tournes à droite. Là, tu es dans la rue des Abesses. Passe devant la fac, tourne à gauche et continue. À droite, c'est le Musée de Montmartre. Tu continues et tu tournes à droite dans la rue Norvins. C'est ma rue, j'habite au numéro…

• 55

Évaluation écrite 1

p. 40

❶ Album photos.

Corrigé

1 La photo décrite par Félix est la photo n° 2.
2 Les photos n° 1 et n° 2 montrent les mêmes personnes mais elles ne sont pas toutes à la même place. Sur la photo n° 3, il manque une personne et on voit Jorge, l'étudiant brésilien.
3 Félix est grand, brun. Il porte un pantalon noir et un pull gris.

❷ Maison à louer. DELF

Corrigé

Réponse possible :

> Anglet, le 10 juin 20…
>
> Cher Chris,
>
> Nous sommes en vacances en France et nous louons une maison à des Français.
> La maison est à deux kilomètres de la mer et un peu loin de la gare.
>
> C'est une maison ancienne et grande. Il y a six pièces et deux étages. La cuisine est à droite de l'entrée. En face de la cuisine, il y a un séjour très clair. Les enfants aiment y regarder la télévision le soir. Au premier étage, il y a quatre chambres et une salle de bains. Au rez-de-chaussée, à côté de la cuisine, il y a une deuxième salle de bains et à côté du salon il y a une petite chambre très calme avec le téléphone. Devant la maison, il y a une petite terrasse et derrière la maison il y a un grand jardin avec une piscine.
>
> J'aime beaucoup cette maison et nos vacances sont très sympa*. Le prix n'est pas très cher : 1 200 euros par mois.
>
> À bientôt, bises,
>
> Caroline

(* *Sympa* est un adjectif invariable en genre et en nombre, ce qui n'est pas le cas de l'adjectif *sympathique* qui, lui, s'accorde.)

56

Unité 4 :
Au rythme du temps

LEÇON 13

Vous partez quand ?

p. 42-43

- **Contenu socioculturel** — La vie au travail et le week-end

- **Objectifs communicatifs**
  – Demander et donner l'heure
  – Indiquer une date
  – Faire une demande polie

- **Objectifs linguistiques**
  – L'interrogation avec *quand ?* et *Quelle heure est-il ?*
  – Le verbe *partir* au présent

- **Phonétique**
  – La prononciation de *deux, six, huit, neuf* et *dix*
  – L'opposition [s] et [z]

- **Savoir-faire** — Comprendre une fiche horaire de train

VOCABULAIRE

un aller-retour – un après-midi – avoir de la place – complet – un départ – désolé – une deuxième classe – dimanche – fumeur/non-fumeur – une heure – un horaire – je voudrais – jeudi – lundi – mardi – un matin – mercredi – *ou* – partir – une pendule – prochain – un renseignement – samedi – un tarif – vendredi – une voie

Découvrez

❶ Quelle heure est-il ?

▶ Livre fermé, faire écouter une fois le dialogue. Demander aux apprenants de citer les mots qu'ils ont entendus/compris.
Leur demander de dire où se passe la scène et ce que fait la personne. (Réponse : dans une gare, à Paris. Une personne achète un billet de train.)
Demander aux apprenants de lire la partie *L'interrogation : **Quelle heure est-il ?*** dans la rubrique *Grammaire*, p. 42.

▶ Passer à l'activité.
Demander aux apprenants de lire le titre de la leçon et d'observer le billet de train.
Faire écouter le dialogue une deuxième fois en donnant pour consigne de faire attention aux détails (horaires, dates et autres informations).
Ensuite, demander aux apprenants de trouver les trois différences entre le billet de train commandé dans le dialogue et le billet de cette activité.

• 57

Corrigé
1 La personne part le 15/08, pas le 17/08.
2 La personne prend le train de 8 h 46, pas de 7 h 18.
3 La personne achète un billet non-fumeurs, pas fumeurs.

Infos

Sur le billet, on voit le sigle SNCF. Expliquer aux apprenants qu'il s'agit là du nom de la compagnie ferroviaire. C'est l'abréviation de Société nationale des chemins de fer français.

Il existe deux types de confort dans les trains de la SNCF. La première classe, plus chère, avec des sièges plus confortables et moins nombreux par wagon, est fréquentée par exemple par les hommes d'affaires. La deuxième classe est fréquentée par la plus grande majorité des usagers de la SNCF, elle offre une qualité tout à fait correcte mais les sièges sont un peu moins spacieux.

Entraînez-vous

❷ Les pendules sont à l'heure ?
1 ▶ Livre fermé, faire écouter l'enregistrement aux apprenants.
Faire une pause après l'écoute de chaque phrase et faire répéter les apprenants.
Ensuite, livre ouvert, faire écouter l'enregistrement une nouvelle fois.
Demander aux apprenants de lire les phrases à voix haute.

2 ▶ Faire observer le cadran des pendules dessinées p. 43.
Demander aux apprenants d'associer les dessins aux heures de l'exercice 1.

Corrigé
a3, b5, c2, d1, e4.

(Ne pas hésiter à revenir sur des notions comme *et quart*, *moins le quart* et *moins vingt* si nécessaire. La façon de dire l'heure et le rapport au temps peuvent varier radicalement d'une langue à l'autre.)

❸ Vous avez l'heure, s'il vous plaît ?
Faire travailler les apprenants par groupes de deux.
Faire lire l'exemple.
Demander aux apprenants de dire les heures comme dans l'exemple.

Pour le dernier item, demander aux apprenants de regarder leurs montres et de donner l'heure.

Corrigé
1 Il est huit heures vingt.
2 Il est dix-sept heures trente./Il est cinq heures trente./Il est cinq heures et demie.
3 Il est onze heures cinquante-cinq./Il est midi moins cinq.
4 Il est six heures quarante-cinq./Il est sept heures moins le quart.
5 Réponse libre.

(Expliquer aux apprenants qu'on n'utilise les formes *et quart*, *moins le quart*, *et demie* qu'avec des chiffres compris entre *0* et *12*. Leur dire aussi que *0 h 00* se dit *minuit*.)

Communiquez

❹ À la gare.
▶ Avant l'écoute, demander aux apprenants de noter les informations qu'ils vont entendre dans le tableau.
Faire écouter les trois annonces.
Au fur et à mesure, demander aux apprenants de noter la destination du TGV, l'heure du départ du train et le numéro de voie.

Corrigé
1 Lyon, 9 h 25, voie 3.
2 Dijon, 10 h 04, voie 7.
3 Nice, 17 h 42, voie 9.

Pour aller plus loin
▶ Faire écouter l'enregistrement une nouvelle fois et faire noter le numéro de chaque TGV. Demander aux apprenants (après les avoir localisées sur la carte de France p. 106) de dire où se trouvent les trois villes de destination des TGV.

❺ Quand est-ce que vous partez ?
▶ Faire observer la partie *L'interrogation : Quand ?* dans la rubrique *Grammaire*.
Faire lire la consigne de l'activité.
Faire travailler chaque apprenant avec son voisin/sa voisine : l'un joue la personne qui demande des renseignements, l'autre l'employé(e) de la SNCF.

▶ Préparation au jeu de rôles.
Leur faire consulter la rubrique *Façons de dire*, p. 43 : *Demander et donner l'heure*, *Indiquer une date* et *Faire une demande polie*.
Faire réfléchir les apprenants aux expressions à utiliser.

Ce que l'autre personne dit pour…	Ce que l'autre personne dit pour…
• faire une demande polie – *Excusez-moi, je voudrais un renseignement.* – *Je voudrais un billet pour Nantes.* • indiquer une date – *Je pars mardi prochain.* • demander l'heure – *Ce train part à quelle heure ?* – *Quelle heure est-ce qu'il est maintenant ?* • demander le prix – *C'est combien ?*	• interroger la personne – *Est-ce que vous voulez un aller-retour ?* – *Fumeur ou non-fumeur ?* • interroger sur une date – *Vous partez quand ?* • indiquer un prix – *C'est 80 euros.*

▶ Passer au jeu de rôles.
Production libre.

Prononcez

❻ Attention aux chiffres !

OBJECTIF : faire pratiquer les différentes prononciations des chiffres. On n'entend pas la consonne finale quand le chiffre est suivi d'un mot qui commence par une consonne et on fait la liaison quand le chiffre est suivi d'un mot qui commence par une voyelle.

▶ Faire écouter les deux premiers énoncés (item 1).
Faire répéter.
Procéder de la même façon pour les quatre autres items.
Ensuite, faire lire la transcription, p. 109.

> **Corrigé**
> 1 Elle a deux // sacs. Il est deux [z] heures.
> 2 Ils sont six. Il y a six // tables. Il est six [z] heures.
> 3 Ils sont huit. Il y a huit // photos.
>   Ils [z] ont huit [t] enfants.
> 4 Voilà neuf // pendules.
>   Il a neuf [v] ans.
> 5 Ils sont dix [s]. Voilà dix [z] objets.
>   Voilà dix [s] sacs.

❼ Opposer [s] et [z].

OBJECTIF : discriminer et opposer ces deux phonèmes.

▶ Faire écouter les deux premiers énoncés (item 1).
Faire répéter.
Procéder de la même façon pour les quatre autres items.
Ensuite faire lire la transcription, p. 109.

> **Corrigé**
> 1 Il a une chaise [z]. Il est chez ses [z] amis.
> 2 Elle prend deux [s] sacs.
>   Elle prend deux [z] objets.
> 3 Ils [z] ont des billets. Ils [s] sont chez [z] eux.
> 4 Vous [z] avez une leçon.
>   Vous [s] savez la leçon.
> 5 Il y a six [z] hommes. Il y a six [s] semaines.

Pour aller plus loin
▶ On peut demander aux apprenants qui ont du mal à discriminer les deux phonèmes d'imiter le sifflement d'un serpent [sssssssssssssssssssss] puis d'imiter le bourdonnement d'une mouche [zzzzzzzzzzzzzzzzz]. Le professeur peut lui-même donner l'exemple. Il peut aussi demander aux apprenants de mettre les doigts sur leur cou pendant qu'ils prononcent les sons : ils doivent sentir leurs cordes vocales vibrer quand ils disent [z] mais pas quand ils disent [s].

LEÇON 14

À Genève p. 44-45

- **Contenu socioculturel** — La vie au travail et le week-end

- **Objectifs communicatifs** — Demander la profession de quelqu'un
  — Demander des informations

- **Objectifs linguistiques** — Le verbe *faire* au présent
  — L'interrogation avec *est-ce que, qu'est-ce que, quand est-ce que, où est-ce que*
  — Le genre des noms

- **Phonétique** — Les trois voyelles nasales

- **Savoir-faire** — Transmettre un message à partir de notes

VOCABULAIRE

un accueil – un(e) acteur/actrice – un agenda – un cabinet – une coiffure – commencer – complet – désolé – un docteur – donc – faire quelque chose dans la vie – un(e) informaticien(ne) – un journal – mais – un matin – possible – rentrer – rester – une réunion – une semaine – seulement – une société – un soir – une surprise – tard – tôt – tout – travailler – des vacances – voir

Découvrez

❶ Par hasard...

▶ Livre fermé, faire écouter une première fois le dialogue.
Demander aux apprenants de dire les mots qu'ils ont compris, de donner les noms des personnages.
Livre ouvert, texte caché, faire observer la photo de la ville de Genève.
Demander aux apprenants de la décrire.
Faire observer la partie *Le verbe* **faire** *au présent* dans la rubrique *Grammaire*, p. 44.
Prononcer les différentes formes du verbe et les faire répéter.
Faire écouter le dialogue une deuxième fois.
▶ Passer à l'activité.

Faire lire les six questions.
Laisser les apprenants y réfléchir un instant seuls (on peut leur demander d'écrire la réponse).
Poser les questions à la classe.

> **Corrigé**
> 1 Elsa est responsable de l'accueil à l'office de tourisme.
> 2 Omar est informaticien.
> 3 Omar habite à Vendôme.
> 4 Le mardi, Omar travaille à Paris, mais le jeudi il travaille à la maison/chez lui.
> 5 Du lundi au mercredi, Omar rentre vers 21 h, 21 h 30.
> 6 Il est en vacances à Genève./Il est à Genève pour les vacances.

▶ Pour finir, faire lire le dialogue par groupes de deux.

Entraînez-vous

❷ Curiosité.

▶ Demander aux apprenants de repérer toutes les questions du dialogue.
Attirer leur attention sur les questions : *Qu'est-ce que tu fais là ?* et *Où est-ce que tu travailles ?*
▶ Passer à l'activité.
Faire lire l'exemple de l'activité.
Faire comparer les deux questions : l'ordre des mots de la seconde question a changé et on a ajouté *est-ce que*.
Faire observer la partie *L'interrogation avec est-ce que* dans la rubrique *Grammaire*.
Insister sur la transformation *quoi, qu'est-ce que*.

(Faire remarquer aux apprenants que la question *Comment tu vas ?* (item 4), transformée en *Comment est-ce que tu vas ?* dans l'exercice, peut aussi être posée d'une manière plus traditionnelle et/ou formelle comme dans le dialogue (ligne 3) : *Comment vas-tu ?* Faire observer cette façon de dire sans parler de l'inversion verbe-sujet, point abordé en leçon 25.)

Puis demander aux apprenants de **transformer** les questions de l'activité en utilisant *est-ce que*.

Corrigé
1 Où est-ce que tu habites ?
2 Quand est-ce que vous arrivez ?
3 Qu'est-ce que vous faites maintenant ?
4 Comment est-ce que tu vas ?
5 À quelle heure est-ce qu'ils partent ?

❸ Qu'est-ce qu'ils font ?

▶ Présenter les cinq réponses de l'activité.
Demander aux apprenants d'imaginer les questions qui ont été posées.

Corrigé
Réponses possibles :
1 À quelle heure est-ce que tu commences/ pars/arrives ?
2 Quand est-ce que tu rentres tard ?
3 Où est-ce que tu vas ?
4 Comment est-ce que tu vas à Paris ?
5 Qu'est-ce qu'ils font ?

❹ Qu'est-ce que vous faites dans la vie ?

▶ Faire observer la partie *Le genre des noms* dans la rubrique *Grammaire*.
Expliquer qu'un acteur/une actrice fait du cinéma et qu'un serveur/une serveuse travaille dans un bar ou dans un restaurant.
Faire lire l'exemple.
Demander aux apprenants de trouver les professions correspondant aux définitions proposées.

Corrigé
1 Un serveuse/Une serveuse.
2 Un musicien/Une musicienne.
3 Un informaticien/Une informaticienne.
4 Un(e) photographe.
5 Un acteur/une actrice.

Communiquez

❺ À quelle heure ?

▶ Avant l'écoute, réviser avec la classe les nombres de 0 à 20, les écrire au tableau et les lire.
Faire écouter les deux minidialogues.
Demander aux apprenants de noter pour chaque dialogue le jour et l'heure du rendez-vous (on peut leur faire compléter un tableau).

Corrigé
1 Mercredi, 15 h 30.
2 Samedi, 10 h 45.

Pour aller plus loin
▶ Demander aux apprenants de dire à quel endroit les personnes téléphonent.
(Réponses : 1 Au cabinet du docteur Renoir. 2 À Créa'tif coiffure.)
Puis demander avec qui ces personnes veulent prendre rendez-vous.
(Réponse : la personne du dialogue 2 veut prendre rendez-vous avec Dominique.)
Faire lire la transcription des dialogues, p. 110. Puisque la classe découvre le mot *coiffure*, on peut aussi enseigner les mots *coiffeur* et *coiffeuse*. Écrire le mot *coiffure* au tableau et demander aux apprenants d'appliquer les règles étudiées dans la partie *Le genre des noms* dans la rubrique *Grammaire*. En essayant les suffixes *-eur/-euse, -teur/-trice*, les apprenants découvriront vite ces nouveaux substantifs.

❻ Rendez-vous.

▶ Préparation au jeu de rôles.
Faire travailler les apprenants par groupes de deux.
Leur faire consulter la rubrique *Façons de dire*, p. 45 : *Demander la profession de quelqu'un* et *Demander des informations*.
Faire lire la consigne de l'activité.
L'un des apprenants joue le/la secrétaire, l'autre le directeur/la directrice. Le/La secrétaire indique les rendez-vous, le directeur/la directrice les note.
Faire réfléchir les apprenants aux expressions à utiliser. (Faire réutiliser les *Façons de dire* étudiées lors des leçons précédentes.)
Les apprenants peuvent inventer des détails, rajouter des informations s'ils le souhaitent.

Ce que vous dites pour…	Ce que l'autre personne dit pour…
• indiquer l'heure – Vous avez une réunion à 15 heures. – Le TGV part à 8 h 30. • présenter un circuit – Mercredi matin vous prenez le TGV pour Lille à 8 h 30. – Vous arrivez à la gare à 10 h 00. – Vous prenez un taxi et vous allez à la société BTB où vous avez rendez-vous avec M. Mauzé à 10 h 30. – À midi, vous allez au restaurant avec lui. – Vous prenez le train à 18 h 30 et vous arrivez à Paris à 20 h 00.	• demander un nom – Comment s'appelle le directeur commercial ? • s'informer sur l'heure – À quelle heure part le train pour Lille ? • s'informer sur un lieu – Où est-ce que je vais mercredi ? • demander la profession de quelqu'un – Quelle est la profession de M. Yamada ? • donner son avis – C'est intéressant.

▶ Passer au jeu de rôles.
Production libre.

Prononcez

❼ Les trois voyelles nasales.

1 OBJECTIF : apprendre à discriminer les voyelles nasales [ã], [ɛ̃] et [ɔ̃].

▶ Proposer trois mots connus : *comment, écrivain, blouson*. Les écrire au tableau.
Prononcer chacun d'eux en articulant bien.
Présenter les trois phonèmes à la classe : souligner dans chacun des mots les voyelles nasales.
Puis dire ces sons : [ã], [ɛ̃] et [ɔ̃].
Faire répéter les apprenants.

▶ Demander aux apprenants de dessiner un tableau de deux lignes et de huit colonnes.
Faire écouter la première paire minimale.
Demander aux apprenants de cocher la colonne 1 si le son nasal est dans le premier mot et dans la colonne 2 dans le cas contraire.
Laisser réfléchir la classe un instant et passer à la deuxième paire minimale.
Procéder de la même manière pour les autres paires minimales.
Vérifier les résultats.
Puis faire écouter l'enregistrement une deuxième fois.
Faire une pause entre chaque nouvelle paire minimale et demander à la classe de répéter le mot qui contient un son nasal.

Corrigé
a Deuxième mot (faim).
b Premier mot (bon).
c Deuxième mot (cubain).
d Premier mot (pain).
e Deuxième mot (menton).
f Premier mot (son).
g Premier mot (rang).
h Deuxième mot (bon).

(Il n'est utile ni d'expliquer le sens des mots ni de les écrire ou de les faire écrire : l'exercice ne doit concerner que l'oral.)

Pour aller plus loin
▶ Organiser un remue-méninges sur le thème des voyelles nasales.
Demander aux apprenants de trouver, en temps limité, parmi les mots, noms ou prénoms, déjà étudiés, un maximum de mots comprenant une voyelle nasale.
Les faire classer dans trois colonnes : [ã], [ɛ̃] et [ɔ̃].
Les faire lire pour vérifier :
– que les mots contiennent effectivement une voyelle nasale ;
– qu'ils sont classés dans la bonne colonne.

2 OBJECTIF : faire pratiquer la discrimination auditive du genre des adjectifs et introduire la notion de dénasalisation.

▶ Faire écouter les quatre séries de deux mots.
Demander aux apprenants si le féminin du nom ou de l'adjectif est le premier ou le deuxième mot.

Corrigé
a Deuxième mot (argentine).
b Premier mot (musicienne).
c Deuxième mot (américaine).
d Deuxième mot (informaticienne).

LEÇON 15

Le dimanche matin p. 46-47

- **Contenus socioculturels**
  - Le week-end
  - Le sport

- **Objectifs communicatifs**
  - S'informer sur une activité actuelle
  - S'informer sur une activité habituelle
  - Dire quel sport on fait

- **Objectifs linguistiques**
  - Les verbes *lire* et *écrire* au présent
  - Les verbes pronominaux au singulier
  - *Le dimanche, dimanche prochain*

- **Phonétique**
  - La prononciation du [R]

- **Savoir-faire**
  - Parler de ses activités

VOCABULAIRE

après – l'athlétisme – une boîte – la campagne – déjeuner – dormir – écouter – écrire – en général – un enfant – faire le ménage – faire les courses – le footing – la gymnastique – s'habiller – jouer – la journée – se laver – lire – un marché – la natation – un petit déjeuner – préparer – se reposer – le ski – le tennis – vers

Découvrez

❶ Qui est-ce ?

▶ Livre fermé, faire écouter les cinq témoignages une première fois.
Demander aux apprenants de dire les mots qu'ils ont compris/entendus.

▶ Passer à l'activité.
Faire travailler les apprenants par groupes de deux.
Faire observer les cinq dessins.
Faire écouter les cinq témoignages une deuxième fois.
Les faire lire.
Demander aux apprenants d'associer chaque dessin au témoignage correspondant.

Corrigé
1c, 2d, 3e, 4a, 5b.

▶ Faire observer la différence entre les jours de la semaine tels qu'ils sont présentés à la leçon 14 et tels qu'on les aborde dans cette leçon.
Ensuite, inviter les apprenants à lire la partie *Le dimanche ≠ dimanche (prochain)* dans la rubrique *Grammaire*, p. 46.
Le dimanche = en général.
Dimanche = dimanche de cette semaine.

❷ Mots croisés.

▶ Avant de commencer cette activité, faire relever tous les verbes utilisés dans le dialogue (Réponse : *je fais le ménage, je me lave, je m'habille, j'écoute, je lis, j'écris, nous prenons, on va, nous déjeunons, je fais un footing, je joue, je me repose, je vais, je rentre, je dors, je me lève, je fais les courses, (il) prépare, il joue, on part, on va.*)

• 63

Demander aux apprenants de faire la liste des formes infinitives connues. (Réponse : *faire le ménage, écouter, lire, écrire, prendre, aller, faire un footing, jouer, rentrer, dormir, faire les courses, partir.*)
▶ Passer à l'activité.
Faire lire la consigne.
Demander aux apprenants de compléter la grille de mots croisés.
Faire ensuite réutiliser chacun de ces verbes dans une phrase.

Corrigé
1 Dormir.
2 Lire.
3 Écrire.
4 Écouter.
5 Faire.
6 Jouer.
7 Prendre.

Entraînez-vous

❸ Qu'est-ce qu'ils font ?
▶ Faire observer la partie *Les verbes **lire** et **écrire** au présent* dans la rubrique *Grammaire*. Faire remarquer les deux radicaux (*li-, lis-* pour le verbe *lire* ; *écri-, écriv-* pour le verbe *écrire*) des deux verbes.
Faire réviser la conjugaison du verbe *faire* au présent (voir leçon 14, rubrique *Grammaire*, p. 44).
▶ Passer à l'activité.
Demander aux apprenants de compléter les phrases avec des formes des verbes *faire*, *lire* et *écrire*.

Corrigé
1 fais, lis, écris.
2 faites.
3 lisez.
4 écrivez.
5 faites, lisons.

❹ Et toi ? Et elle ?
▶ Faire observer les phrases *je me lave, je m'habille* dans le premier témoignage, la phrase *je me repose* dans le troisième témoignage et la phrase *je me lève* dans le quatrième.
Demander aux apprenants de lire la partie *Les verbes pronominaux au singulier* dans la rubrique *Grammaire*.

Expliquer que les verbes pronominaux indiquent que le sujet fait l'action lui-même.
Souligner les changements de forme des pronoms : le verbe pronominal se conjugue avec un pronom de la même personne que le sujet : *je me* + verbe, *tu te* + verbe, *il/elle se* + verbe.
▶ Passer à l'activité.
Faire transformer le petit texte, conjugué avec *je*, en changeant de personne (d'abord *tu* puis *elle*).

Corrigé
• Avec *tu* : Le dimanche matin, tu te lèves à 10 heures, tu fais le ménage et après tu te laves. L'après-midi, tu te reposes, puis tu fais du tennis.
• Avec *elle* : Le dimanche matin, elle se lève à 10 heures, elle fait le ménage et après elle se lave. L'après-midi, elle se repose, puis elle fait du tennis.

❺ Ils font quel sport ?
▶ Faire travailler les apprenants par groupes de deux.
Faire observer les dessins et faire lire les légendes.
Faire associer chaque dessin à sa légende.
Demander ensuite aux apprenants de dire ce que font les personnages.

Corrigé
1a Il skie./Il fait du ski.
2d Il fait de la moto.
3b Il court./Il fait de l'athlétisme.
4c Il nage./Il fait de la natation.
5f Il fait du vélo.
6e Il fait de la gymnastique.

Communiquez

❻ Et vous ?
▶ Préparation au jeu de rôles.
Faire travailler les apprenants en sous-groupes.
Leur faire lire les trois questions de l'activité.
Leur faire consulter la rubrique *Façons de dire*, p. 47 : *S'informer sur une activité actuelle*, *S'informer sur une activité habituelle* et *Dire quel sport on fait*.
Demander aux apprenants de discuter entre eux, au sein de leur sous-groupe.

Ce que vous dites pour…	Ce que l'autre personne dit pour…
• s'informer sur une activité actuelle – Qu'est-ce que vous faites comme sport ? – Est-ce que tu pars ce week-end ? – Qu'est-ce que tu lis ? • s'informer sur une activité habituelle – Qu'est-ce que vous faites le dimanche matin ? – Est-ce que vous allez souvent en boîte ? – Est-ce que vous écoutez souvent de la musique ?	• dire quel sport on fait – Moi, je joue au football. – Je fais de la natation et du vélo. • dire ce que l'on fait en général – Dans mon pays, on va souvent au cinéma avec ses amis. – L'après-midi, on se repose une heure.

▶ Passer à la discussion.
Les apprenants se posent les questions à tour de rôle et y répondent.
Faire travailler le tutoiement et le vouvoiement.
Production libre.

Prononcez

❼ Le [R] : final, entre deux voyelles ou initial.

OBJECTIF : concentrer l'attention sur le [R] dont la prononciation est identique quelle que soit sa position : initiale, médiane ou finale.

▶ Faire écouter chaque série de trois mots. Chaque série présente le son [R] placé d'abord en position finale, puis entre deux voyelles et enfin en position initiale.
Faire répéter le premier mot de chaque série en expliquant que, pour produire ce son, la pointe de la langue touche les dents du bas. Dire aussi que l'on entend l'air passer dans la gorge. Pour bien expliquer cela, faire répéter d'abord la fin du mot puis le mot en entier (exemple : aaaaaarrrrrr puis par).

Autre approche :
1. Faire prononcer [a]. La bouche est grande ouverte et le professeur pourra vérifier, le moment venu, que la langue de l'apprenant ne bouge pas pendant la prononciation du [R].
2. Faire ajouter un léger frottement de l'air au niveau de la gorge ([R] final).
3. Puis faire ajouter un [a] sans bouger ni la langue, ni la bouche → [aRa] ([R] intervocalique).
4. Supprimer le premier [a] pour obtenir [Ra] / [R] initial, le plus difficile).

Faire ensuite répéter le deuxième mot de chaque série. On entend l'air passer sur l'arrière relevé de la langue et un court battement de la luette : *para*.
Passer au troisième mot de chaque série. La prononciation du [R] initial est identique à celle du [R] intervocalique. Faire répéter le mot *radio*.

LEÇON 16

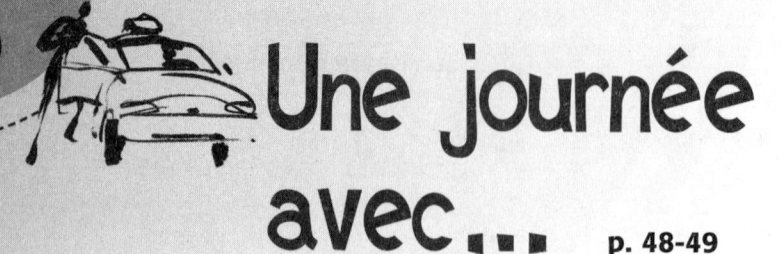

Une journée avec... p. 48-49

- **Contenus socioculturels** — La vie au travail et le week-end
  — Le sport

- **Objectif communicatif** — S'informer sur une activité habituelle

- **Savoir-faire** — Présenter l'emploi du temps d'une personne

VOCABULAIRE

au total – une carte à jouer – des céréales – se détendre – s'endormir – un entraînement – s'entraîner – éviter – faire sa toilette – une folie – un fruit – un jus – libre – long – un match – la musculation – parfois – se promener – regarder – retourner – sortir – le stress – se terminer – un truc – un yaourt

Découvrez

❶ Qui est-ce ?

▶ Demander aux apprenants de lire le titre de la leçon et d'observer la photo de Mary Pierce.

1 ▶ Poser les questions de l'exercice.

Corrigé
Mary Pierce est une joueuse de tennis franco-américaine (française et américaine).

2 ▶ Faire lire l'article consacré à Mary Pierce. Ensuite, faire lire les affirmations de l'exercice. Demander aux apprenants de dire si ces phrases sont vraies ou fausses.

Corrigé
a Vrai.
b Faux. (D'abord, elle fait sa toilette et prépare ses vêtements. Ensuite, elle s'habille et prend son petit déjeuner.)
c Faux. (Elle fait deux heures de sport l'après-midi.)
d Faux. (Le dimanche, elle est libre.)
e Vrai et faux. (Elle sort parfois le samedi soir mais elle ne sort jamais les soirs de semaine.)
f Faux. (Le soir, elle regarde un peu la télé et appelle des amis.)
g Vrai. (Elle dort neuf à dix heures par nuit.)

❷ Quand ?

▶ Faire travailler les apprenants en sous-groupes.
Leur demander de relever dans le texte les indicateurs temporels.

Corrigé
Vers 7 h 30 – tous les matins – ensuite – de 9 heures à 11 heures – puis – à 15 heures – jusqu'à 17 heures – par jour – ensuite – vers 19 heures – généralement – le samedi – parfois – le dimanche – jusqu'à midi – le reste de la (semaine) – le soir – tôt – vers 22 h 30 – 9 à 10 heures par nuit.

66.

▶ Demander aux apprenants de reprendre la question de l'exemple : *Que fait Mary Pierce à ce moment-là ?* et de la décliner en changeant à chaque fois le moment de la journée.
Un apprenant pose la question à un partenaire qui y répond et qui pose la question suivante ; par exemple :
– *Qu'est-ce que fait Mary Pierce ensuite ?*
– *Elle s'habille et prend son petit déjeuner.*
– *Qu'est-ce que fait Mary Pierce de 9 heures à 11 heures ?*
– *De 9 heures à 11 heures, elle s'entraîne*, etc.
Procéder de la même façon pour tous les indicateurs temporels du texte.

❸ Interview.
▶ Faire travailler les apprenants par groupes de deux.
À partir des indications de temps données par Mary Pierce, demander aux apprenants d'imaginer les questions de la journaliste.

Communiquez

❹ Et vous ?
▶ Demander aux apprenants de donner, comme Mary Pierce, leur « petit truc » pour 1) se détendre et 2) éviter le stress.
Production libre.

❺ Quel est son emploi du temps ?
▶ Demander aux apprenants d'interroger leur voisin sur son emploi du temps habituel.
Faire réutiliser les indicateurs temporels ainsi que les *Façons de dire* étudiées dans cette unité.
Demander aux apprenants de prendre en note les éléments importants de l'emploi du temps de leur voisin.
Production libre.

❻ Une journée avec…
▶ Faire travailler chaque apprenant à partir des éléments communiqués par son voisin.
À la manière de l'article sur Mary Pierce, les apprenants doivent raconter la journée type de leur voisin.
Faire écrire l'article à la première personne du singulier.

BILAN 4

❶ Quelle heure est-il ?
Corrigé
- **a** Il est dix heures et demie.
  Il est vingt-deux heures trente.
- **b** Il est midi dix.
  Il est douze heures dix.
- **c** Il est quatre heures moins le quart.
  Il est quinze heures quarante-cinq.
- **d** Il est neuf heures moins cinq.
  Il est vingt heures cinquante-cinq.
- **e** Il est onze heures et quart.
  Il est vingt-trois heures quinze.

❷ Enquête.
Corrigé
1. Où est-ce que vous travaillez ?/Où travaillez-vous ?
2. À quelle heure est-ce que vous commencez ?/À quelle heure commencez-vous ?
3. À quelle est-ce que vous rentrez le soir ?/À quelle heure rentrez-vous le soir ?
4. À quelle heure est-ce que vous vous levez ?/À quelle heure vous levez-vous ?
5. Est-ce que vous travaillez le week-end ?/Travaillez-vous le week-end ?
6. Est-ce que vous faites du sport ?/Faites-vous du sport ?

❸ Tu fais quoi, le soir ?
Corrigé
– Qu'est-ce que tu **fais** le soir ? Tu **écoutes** de la musique ?
– Ah non, moi, le soir, je **lis** le journal ou j'**écris**.
– Et ton frère et ta sœur, qu'est-ce qu'ils **font** ?
– Tony **fait** de la natation le lundi soir et le mercredi soir. Et le mardi et le jeudi, il **joue** au foot. Magali et moi, nous ne **faisons** pas de sport. Et toi ? Qu'est-ce que tu **fais** ?
– Oh ! moi, je **sors** parfois avec des amis. Ou je **regarde** la télé. Mais le mercredi soir, avec mon frère, nous **faisons** du vélo.

❹ Au travail !
Corrigé
Réponses possibles :
1. Serveur/serveuse, vendeur/vendeuse, danseur/danseuse.
2. Informaticien/informaticienne, musicien/musicienne.
3. Directeur/directrice, acteur/actrice.

❺ Le contraire.
Corrigé
1. un aller-retour.
2. tard.
3. non-fumeur.
4. une arrivée.
5. se reposer.

❻ Méli-mélo.
Corrigé
1. Le matin, je me lève à six heures et quart.
2. Le soir, il se repose et il écoute de la musique.
3. Ensuite, elle se lave et elle s'habille./Elle se lave et ensuite elle s'habille.
4. Est-ce que tu te promènes le week-end ?
5. En général, je m'entraîne deux ou trois heures par jour.

Unité 5 :
La vie de tous les jours

LEÇON 17

Mardi gras p. 52-53

- **Contenus socioculturels**
  – Les achats de nourriture, de boissons et de vêtements
  – Les fêtes en France

- **Objectifs communicatifs**
  – Demander et exprimer des besoins
  – S'informer sur des habitudes
  – Indiquer des quantités

- **Objectifs linguistiques**
  – L'article partitif : *du*, *de la*, *de l'*, *des*
  – Les verbes *boire*, *acheter* et *manger* au présent

- **Phonétique**
  – Les trois voyelles centrales [œ], [ɔ] et [ø]

- **Savoir-faire**
  – Décrire les habitudes alimentaires de son pays

VOCABULAIRE

acheter – le beurre – boire – c'est tout – le cidre – la confiture – une crêpe – un dîner – l'eau minérale – la farine – le fromage – un gâteau – un gramme – il faut – un kilo(gramme) – le lait – un légume – une liste – un litre – une livre – maman – manger – mardi gras – des œufs – le pain – le poisson – la pomme de terre – le repas – le riz – la salade – le sucre – la viande – le vin

Découvrez

❶ La liste de courses.
▶ Livre ouvert, texte caché, faire observer l'illustration du dialogue.
Faire travailler les apprenants en sous-groupes.
Faire écouter une fois le dialogue.
Demander aux sous-groupes de dire qui sont les personnes de l'illustration et ce qu'elles font.
▶ Passer à l'activité.

1 ▶ Faire écrire la liste des courses : les apprenants notent tout ce qu'il faut acheter. (La liste sera faite de mémoire mais, si cela s'avère trop difficile, on repassera l'enregistrement.)

Corrigé
Farine – œufs – lait – beurre – sucre – confiture – Coca – eau minérale.
(Attention : le mot *cidre* ne doit pas apparaître dans la liste.)

• 69

▶ Faire observer l'aide qui présente les notions de poids, p. 53 : *un gramme, une livre (500 grammes), un kilo (1 000 grammes).*

2 ▶ Faire écouter le dialogue une nouvelle fois. Faire compléter la liste des courses et faire indiquer les quantités.

> **Corrigé**
> Un kilo de farine – des œufs – un litre de lait – 250 grammes de beurre – un kilo de sucre – de la confiture – une bouteille de Coca – de l'eau minérale.

▶ Faire observer la partie *L'article partitif* dans la rubrique *Grammaire*, p. 52.
Présenter la notion de comptable et non comptable *(un gâteau ≠ du gâteau)* et présenter les unités de mesure en expliquant qu'elles permettent de quantifier (quantité, poids…) les éléments dits « non comptables » : *un litre de lait, une bouteille de Coca, un kilo de sucre, 250 grammes de beurre.*
(On peut aussi ajouter : *un pot de confiture.*)

▶ Faire lire et jouer le dialogue.
(Présenter aux apprenants la différence de prononciation entre le singulier et le pluriel du mot *œuf*. Au singulier, on prononce : *un œuf* [œf] et au pluriel : *des œufs* [ø].)

Pour aller plus loin
▶ Demander aux apprenants d'expliquer ce qu'est mardi gras, de dire si ce jour existe dans leur pays et s'ils le fêtent. Si oui, leur demander si on fait des crêpes comme en France ou s'il y a un plat typique.

Infos
Mardi gras : ce jour que l'on fête en faisant des crêpes marque la fin de la période du carnaval et le début du carême. Les enfants en profitent pour se déguiser.

Entraînez-vous

❷ Au supermarché.
▶ Demander de compléter chaque phrase avec l'un des trois mots proposés.
Dire aux apprenants qu'ils peuvent consulter la partie *L'article partitif* dans la rubrique *Grammaire*.
Leur dire de bien faire attention au genre et au nombre des mots ainsi qu'à la logique des phrases.

Demander aux apprenants de consulter les illustrations, p. 53 présentant les nouveaux mots : *pain, poisson, salade, viande, vin…*

> **Corrigé**
> 1b, 2b, 3c, 4a, 5b.

❸ Les habitudes.
▶ Faire travailler les apprenants par sous-groupes.
Demander aux apprenants de répondre aux questions.

> **Corrigé**
> Réponses possibles :
> 1 Nous mangeons du pain, des fruits et des céréales.
> 2 Nous buvons du café/du lait.
> 3 Nous prenons de la viande avec des légumes et après nous prenons un yaourt./Nous ne mangeons pas de viande : nous prenons beaucoup de légumes et de fruits.
> 4 Nous prenons du fromage avec du pain et de la salade.

❹ Non…
▶ Demander de transformer les phrases positives en phrases négatives, comme dans l'exemple.

> **Corrigé**
> Réponses possibles :
> 1 Non, il n'y a pas de salade mais il y a des légumes.
> 2 Non, je ne bois pas de thé, je bois du café.
> 3 Non, nous ne mangeons pas de légumes le soir, nous mangeons du fromage.
> 4 Non, je ne bois pas de vin avec le poisson, je bois de l'eau minérale.
> 5 Non, je ne prends pas de fromage, je prends un yaourt.

Communiquez

❺ Qu'est-ce qu'on mange ?
▶ Avant l'écoute, prévenir les apprenants qu'ils vont devoir noter les informations qu'ils vont entendre pour faire la liste des courses (ce qu'il faut acheter à manger mais aussi à boire).
Leur faire étudier la partie *Le verbe **boire** au présent* dans la rubrique *Grammaire*.
Faire écouter l'enregistrement une fois.

> **Corrigé**
> Du poisson – des pommes de terre – du fromage – une bouteille d'eau minérale.

Pour aller plus loin
▶ Demander aux apprenants si les courses sont pour le déjeuner ou bien pour le dîner. (Réponse : pour le déjeuner.)

Les inviter à vérifier la réponse en consultant la transcription, p. 110.
▶ Leur demander de lire le dialogue avec leur voisin.

❻ Qu'est-ce que vous prenez aux repas ?
▶ Faire lire la consigne de l'activité, l'exemple et l'encadré *En général, en France, on prend…*
Faire travailler chaque apprenant avec son voisin : l'un pose les questions, l'autre y répond, puis ils inversent.
Leur faire consulter la rubrique *Façons de dire* p. 53 : *Demander et exprimer des besoins, S'informer sur des habitudes* et *Indiquer des quantités*.
Faire réfléchir les apprenants aux questions qu'ils veulent poser.

Ce que vous dites pour…	Ce que l'autre personne dit pour…
• s'informer sur l'heure – À quelle heure est-ce qu'on mange chez vous ?	• indiquer une heure – On mange à 13 heures et à 20 h 30.
• s'informer sur des habitudes – Qu'est-ce que tu manges au petit déjeuner ? – Est-ce que tu manges de la viande tous les jours ?	• exprimer ses habitudes – Je prends toujours du thé, des céréales et un jus de fruits.
• interroger sur la quantité – Combien de bouteilles d'eau minérale vous achetez par semaine ?	• exprimer une quantité – Entre 12 et 16 bouteilles d'eau minérale par semaine.

▶ Passer au jeu de rôles.
Production libre.

Prononcez

❼ Opposer les voyelles [œ], [ɔ] et [œ], [ø].
OBJECTIF : faire discriminer et prononcer les voyelles centrales.
[œ] Les lèvres sont arrondies, la mâchoire est moyennement ouverte, le dos de la langue est abaissé et sa masse est en avant.
[ɔ] Les lèvres sont arrondies, la mâchoire est moyennement ouverte, le dos de la langue est relevé et sa masse est à l'arrière.
[ø] Les lèvres sont arrondies, la mâchoire est légèrement ouverte, le dos de la langue est relevé et sa masse est en avant.

▶ L'enregistrement présente dix énoncés. Les cinq premiers énoncés concernent l'opposition [œ], [ɔ] et les cinq derniers l'opposition [œ], [ø]. Faire écouter le premier énoncé.

Demander aux apprenants de le répéter.
Le professeur prononce à son tour en montrant bien la façon dont il prononce les voyelles centrales (position des lèvres, de la mâchoire, de la langue : voir ci-dessus).
Faire écouter les quatre autres énoncés de la série.
Faire répéter les apprenants au fur et à mesure.
Procéder de la même façon pour la série suivante (énoncés 6 à 10).
Ensuite, faire lire la transcription p. 110 à voix haute.

(On peut expliquer aux apprenants que :
– le son [œ] est orthographié -œu + r, -eu + r (*sœur, beurre, vendeur, acteur, chauffeur, peur*) ou -eu + l, -eu + n (*veulent, déjeune*) ;
– le son [ø] est orthographié -eu, -eux ou -eut (*bleu, jeudi, jeux, veut, peut*) ;
– le son [ɔ] est orthographié -o + r, -o + n, -o + l ou o + b (*encore, porte, sport, téléphone, bol, robe*).)

LEÇON 18

Une bonne journée   p. 54-55

- **Contenu socioculturel** — Les achats de vêtements
- **Objectifs communicatifs** — Rapporter des événements passés
  — Exprimer une opinion, faire des compliments
- **Objectifs linguistiques** — Le passé composé avec l'auxiliaire *avoir*
  — La formation du participe passé
  — L'accord de l'adjectif *beau*
- **Phonétique** — La mise en relief : l'accent d'insistance
- **Savoir-faire** — Parler d'événements passés

VOCABULAIRE

un anniversaire – beau/belle – un cadeau – chaud – un dessert – dîner – dis donc – excellent – hier – un inspecteur de police – un journal intime – un magasin – une maison – passer une bonne journée – des pâtes – prendre un verre – téléphoner

Découvrez

❶ Journal intime.

1 ▶ Faire travailler les apprenants en sous-groupes.
Texte caché, faire écouter le dialogue (une ou deux fois si nécessaire) et faire observer l'illustration du dialogue.
Demander à chaque sous-groupe de dire ce qu'Émilie a fait.

> **Corrigé**
> Émilie a fait les magasins.
> Elle a acheté des chaussures.
> Elle a pris un pull pour Julien.
> Elle a dîner au restaurant avec Julien.
> Elle a mangé une pizza.
> Julien et elle ont mangé un tiramisu pour le dessert.
> Elle a passé une très bonne journée.

▶ Faire lire le texte par groupes de deux.

2 ▶ Demander aux apprenants de lire la partie *Le passé composé* dans la rubrique *Grammaire*, p. 54.
Prononcer les différentes formes du verbe et les faire répéter.

▶ Faire lire la consigne de l'exercice.
Faire lire le texte extrait du journal intime.
Demander aux apprenants de dire ce qu'Émilie n'a pas écrit.

> **Corrigé**
> Émilie n'a pas écrit :
> J'ai acheté de jolies chaussures.
> J'ai mangé une pizza.
> Julien et moi, nous avons mangé un tiramisu.

Entraînez-vous

❷ Hier…

▶ Faire observer la partie *La formation du participe passé* dans la rubrique *Grammaire*.

1 ▶ Demander aux apprenants de donner l'infinitif des participes passés présentés.

> **Corrigé**
> a acheter.   d passer.
> b dîner.   e faire.
> c manger.   f prendre.

2 ▶ Demander aux apprenants de réécrire le texte au passé.

> **Corrigé**
> Hier, **j'ai fait** les courses… **J'ai acheté** un sac pour Mathieu et un T-shirt pour Alex. Ensuite, **j'ai déjeuné** avec Anne. **J'ai pris** le train pour Lyon à 15 heures. Et le soir, **j'ai dîné** chez ma mère.

❸ Qu'est-ce qu'ils ont fait ?

▶ Faire lire l'exemple.
Présenter les cinq réponses de l'activité.
Demander aux apprenants d'imaginer les questions qui ont été posées.

> **Corrigé**
> Réponses possibles :
> 1 Qu'est-ce qu'elle a fait hier ?
> 2 Vous avez déjeuné au restaurant ?
> 3 Est-ce qu'ils ont passé une bonne journée ?
> 4 Est-ce que tu as pris le métro pour aller au restaurant ?
> 5 Qu'est-ce qu'il a fait ?/Où est-ce qu'il a bu un café ?

❹ C'est joli, non ?

▶ Faire observer la partie *Accords de l'adjectif beau* dans la rubrique *Grammaire*.

▶ Passer ensuite à l'activité.
Faire lire l'exemple.

Faire observer la partie *Exprimer une opinion, faire des compliments* dans la partie *Façons de dire*, p. 55.
Demander aux apprenants de proposer une réponse pour chaque phrase.

> **Corrigé**
> 1 Oui, il est très beau.
> 2 Non, elles ne sont pas jolies/elles sont chères.
> 3 Il est très très bon.
> 4 Oui, et il n'est pas cher.
>
> **(** Faire remarquer que l'adjectif *beau*, placé devant un nom qui commence par une voyelle, devient *bel* : un **bel** *acteur*. **)**

Communiquez

❺ Qu'est-ce que vous avez fait hier ? 👂

▶ Mettre les apprenants en sous-groupes.
Faire écouter le dialogue.
Demander aux apprenants de dire ce que l'homme a fait entre 20 heures et 23 heures.

> **Corrigé**
> Vers 20 heures, cet homme a téléphoné à sa mère.
> Ensuite, il a dîné chez sa voisine.
> Ensuite, son amie et lui ont pris un verre au Café de la gare.
>
> **Pour aller plus loin**
> ▶ Demander aux apprenants de dire où se situe le Café de la gare. (Réponse : c'est un café à côté de chez lui.)
> Puis demander qui est Anne Barreau. (Réponse : c'est la voisine de cet homme et c'est une amie.)
> Faire lire la transcription de ce dialogue, p. 110.

❻ L'alibi.

▶ Préparation au jeu de rôles.
Faire travailler les apprenants par groupes de deux.
Leur faire consulter la rubrique *Façons de dire* : *Rapporter des événements passés* et *Exprimer une opinion, faire des compliments*.
Faire lire la consigne de l'activité.
L'un des apprenants joue l'inspecteur de police, l'autre répond à ses questions.
Faire réfléchir les apprenants aux expressions à utiliser.
Les apprenants sont libres d'inventer l'histoire qu'ils veulent à partir de tout ce qu'ils ont déjà étudié.
Faire utiliser le vouvoiement.

Ce que vous dites pour…	Ce que l'autre personne dit pour…
• s'informer sur l'heure	• rapporter des événements passés
– Qu'est-ce que vous avez fait hier entre 17 heures et 21 heures ?	– J'ai visité le musée du Louvre et après j'ai vu mon copain Omar.
• demander de dire le nom	• exprimer une opinion
– Comment s'appelle votre ami(e) ?	– Ce musée est très intéressant et très grand.
• demander la profession de quelqu'un	
– Quelle est votre profession ?	

▶ Passer au jeu de rôles.
Production libre.

Prononcez

❼ La mise en relief : l'accent d'insistance. 👓

OBJECTIF : apprendre à mettre en relief un élément du message.

▶ Demander aux apprenants de cacher les phrases de l'activité.
Faire lire la consigne.
Préciser que l'accent d'insistance n'est pas un accent de force (comme en anglais, en allemand ou en espagnol, par exemple) mais un accent de longueur : la syllabe qui le porte est légèrement plus longue que les autres.

Faire écouter le premier énoncé.
Demander aux apprenants d'identifier le mot accentué.
Faire répéter l'énoncé en mettant l'emphase sur la syllabe accentuée.

> **Corrigé**
> 1 C'est une **belle** robe !
> 2 Le manteau noir est **très** beau !
> 3 Elles ont coûté **soi**xante-douze euros !
> 4 Tu as **en**core acheté des chaussures !
> 5 C'est un restaurant **i**talien !

Faire lire les énoncés de la page 55.
Bien faire observer les syllabes accentuées (mises en relief en gras souligné).

LEÇON 19

Où sont-ils allés ? p. 56-57

- **Contenu socioculturel** — Découverte touristique
- **Objectifs communicatifs** — Parler d'événements passés
  — Interroger sur la durée
- **Objectifs linguistiques** — Le passé composé avec l'auxiliaire *être*
  — Des indicateurs de temps
- **Phonétique** — Les groupes rythmiques, les liaisons et les enchaînements
- **Savoir-faire** — Parler d'événements passés (un week-end)

VOCABULAIRE

actuellement – une année – un bisou – un concert – descendre – devenir – une fois – là-bas – magnifique – marcher – une minute – monter – mourir – naître – un parc – revenir – une soirée – un théâtre – tomber – venir

Découvrez

❶ Carte postale.

▶ Demander aux apprenants de lire plusieurs fois la carte.
Leur demander ensuite de répondre aux questions de l'activité.

> **Corrigé**
> 1 Étienne et Mathilde sont arrivés à Barcelone vendredi/il y a deux jours.
> 2 Non, ils habitent chez Alicia.
> 3 Mathilde est allée faire des courses avec Alicia. Elles ont marché toute la journée.
> 4 Samedi soir, Mathilde est allée au restaurant avec Alicia et Étienne.
> 5 Ils sont rentrés à deux heures du matin.
> 6 À Barcelone, ils ont visité le musée Picasso et le parc Güell.
> 7 Ils rentrent dans deux jours/mardi.

❷ Repérages.

▶ Faire relever, sur la carte postale, tous les verbes au passé composé. (Réponse : *nous sommes arrivés, nous sommes allées, nous avons marché, nous sommes allés, nous sommes rentrés, nous avons passé, nous avons visité, nous sommes allés.*)

1 ▶ Demander aux apprenants de classer les verbes selon qu'ils sont conjugués avec l'auxiliaire *être* ou avec l'auxiliaire *avoir*.

> **Corrigé**
> a Verbes conjugués avec l'auxiliaire *avoir* : *marcher, passer, visiter.*
> b Verbes conjugués avoir l'auxiliaire *être* : *arriver, aller, rentrer.*

2 ▶ Demander aux apprenants d'observer les verbes au passé de la carte postale et plus particulièrement leur participe passé et leur auxiliaire.
Demander ensuite dans quel cas le participe passé s'accorde avec le sujet.

> **Corrigé**
> Le participe passé s'accorde avec le sujet quand il est utilisé avec l'auxiliaire *être*.

Faire lire la partie *Le passé composé avec l'auxiliaire être* dans la rubrique *Grammaire*, p. 56.

• 75

Entraînez-vous

❸ Qu'est-ce qu'ils ont fait à Barcelone ?

1 ▶ Demander aux apprenants d'associer les questions (numérotées de a à e) aux réponses correspondantes (numérotées de 1 à 5).

> **Corrigé**
> a3, b5, c4, d2, e1.

2 ▶ Demander aux apprenants de faire l'accord du participe passé si nécessaire.

> **Corrigé**
> 1 Étienne et elle sont arrivé**s** vendredi.
> 2 Non, samedi, elles ont fait des courses.
> 3 Ils ont visité le musée Picasso.
> 4 Elle est allé**e** au restaurant avec Alicia et Étienne.
> 5 Non, ils sont rentré**s** à la maison.

❹ Combien de temps ?

▶ Demander aux apprenants de lire la partie *Interroger sur la durée* dans la rubrique *Façons de dire*, p. 57.

▶ Passer à la mise en pratique en faisant compléter l'activité.

> **Corrigé**
> 1 Tu es restée **combien de temps** ?
> 2 Elles sont parties **pour combien de temps** ?
> 3 Tu reviens **dans combien de temps** ?
> 4 **Combien de temps** est-ce qu'il faut pour aller en ville ?

▶ Demander aux apprenants de consulter la partie *Des indicateurs de temps* dans la rubrique *Grammaire*.

Communiquez

❺ De retour de Barcelone. 👓

▶ Faire travailler les apprenants par groupes de deux.
Faire lire les questions de l'activité.
Ensuite, faire écouter une fois le dialogue enregistré.
Demander aux apprenants de répondre aux questions.

> **Corrigé**
> 1 Mathilde est rentrée de Barcelone mardi dernier.
> 2 Elle y est restée cinq jours.
> 3 Elle y retourne avec Étienne le mois prochain.
> 4 Elle y retourne pour deux semaines.

❻ Et vous ?

▶ Préparation au jeu de rôles.
Faire travailler les apprenants en sous-groupes.
Leur faire consulter la rubrique *Façons de dire : Parler d'événements passés* et *Interroger sur la durée*.
Faire réfléchir les apprenants aux expressions utilisées.

Ce que vous dites pour…	Ce que l'autre personne dit pour…
• parler d'événements passés – *La semaine dernière, je suis allé(e) en Normandie.* • dire ce que l'on fait en général – *Non, cette année j'y suis allé(e) trois ou quatre fois.* • s'informer sur une activité – *Et toi, est-ce que tu es parti(e) ?*	• s'informer sur une activité – *Qu'est-ce que tu as fait la semaine dernière ?* • s'informer sur une activité habituelle – *Tu y vas souvent ?* • interroger sur la durée – *Tu es resté(e) combien de temps ?*

▶ Passer à la discussion.
Les apprenants se posent les questions à tour de rôle et y répondent.
Production libre.

Prononcez

❼ Groupes rythmiques, liaisons et enchaînements. 🔊

Objectif : travailler sur le groupe de rythme (les unités de sens). Réviser liaisons et enchaînements.

1 ▶ Faire lire les consignes et l'exemple.
Faire lire les quatre phrases de l'activité.
Demander aux apprenants de les diviser en groupes rythmiques : leur dire de les marquer par une double barre (//).

> **Corrigé**
> a À quelle heure // sont-elles allées en ville ?
> b Elles sont revenues chez elles // à six heures.
> c Elles ont acheté un cadeau // à leurs amies.
> d Elles sont allées au théâtre // et au concert.

2 ▶ Demander ensuite aux apprenants de marquer les liaisons et les enchaînements.

> **Corrigé**
> a À quelle [l] heure // sont-[t] elles allées en ville ?
> b Elles sont revenues chez [z] elles // à six [z] heures.
> c Elles [z] ont [t] acheté un cadeau // à leurs [z] amies.
> d Elles sont [t] allées au théâtre // et au concert.

3 ▶ Demander aux apprenants de prononcer les phrases.
Faire écouter les enregistrements.
Faire procéder aux éventuelles modifications puis faire répéter à nouveau les apprenants.

LEÇON 20

Souvenirs de fête
p. 58-59

- **Contenu socioculturel** — Les fêtes en France
- **Objectif communicatif** — S'informer sur des habitudes
- **Savoir-faire** — Raconter un souvenir de fête

VOCABULAIRE

bonne année – un(e) copain/copine – une enquête – une famille – une fête – un feu d'artifice – un mariage – un moment – le muguet – Noël – le nouvel an – un papa – une pâtisserie – romantique – un souvenir

Découvrez

❶ Qui dit quoi ?

▶ Faire travailler les apprenants par groupes de deux.
Leur demander de lire le titre de la leçon, le chapeau et de regarder les photos.
Faire lire ensuite les quatre témoignages.
Faire associer chaque témoignage à la personne qui l'a dit.

> **Corrigé**
> 1 Chloé, 8 ans : texte d.
> 2 Magali, 17 ans : texte a.
> 3 Élisa, 26 ans : texte c.
> 4 Éva, 42 ans : texte b.

❷ Photos de fête.

1 ▶ Faire travailler les apprenants en sous-groupes.
Leur demander de relever dans les textes les fêtes mentionnées.
Faire associer une photo à chacun des témoignages.

> **Corrigé**
> a6, b4, c1, d2.

2 ▶ Faire associer ensuite les trois photos restantes avec l'une des fêtes citées.

> **Corrigé**
> a5, b3, c7.

❸ Qu'est-ce qu'on fait pour… ?

▶ Faire associer les fêtes numérotées de 1 à 7 aux activités numérotées de a à g.

> **Corrigé**
> 1e, 2a, 3f, 4b, 5g, 6d, 7c.

Pour aller plus loin

▶ Faire travailler les apprenants en sous-groupes.
Attribuer à chaque groupe l'une des sept photos de la leçon.
Demander aux groupes de faire une description (orale ou écrite) de leur photo.
Faire réutiliser le vocabulaire et les structures grammaticales déjà étudiées.
Autoriser les apprenants à chercher un ou deux mots de vocabulaire dans un dictionnaire bilingue (il faut limiter la recherche aux mots absolument nécessaires à la description).
Une fois que tous les groupes sont prêts, leur demander de présenter leur travail à la classe.

Réponses possibles :
(Les mots soulignés sont des mots inconnus des apprenants, qu'ils ont pu trouver dans le dictionnaire.)

1 On voit deux personnes sur un banc : ce sont des amoureux. Il y a des fleurs et il y a deux oiseaux amoureux. On lit les mots « St Valentin 14 février, fête des cœurs, dites-le avec des fleurs ». La fête des cœurs, c'est la fête des amoureux.

2 Dans une assiette, il y a des crêpes. Nous sommes dans une cuisine française. C'est peut-être à la campagne.

3 Il y a des personnes qui marchent dans la rue. On voit une dame qui vend des fleurs : c'est du muguet. Les personnes font une manifestation. C'est le 1er Mai.

4 On voit le père Noël. Il porte ses vêtements rouges et blancs. Il porte une barbe blanche. Il marche sur un toit. Il est dans une grande ville. C'est le soir de Noël.

5 Un enfant a un cadeau dans les mains, derrière le dos. Avec le cadeau, il y a un cœur. Sur le cœur, on lit : « pour maman ». L'enfant offre un cadeau à sa maman pour la fête des mères.

6 Sur la photo, on voit l'Arc de triomphe et les Champs-Élysées. C'est la nuit. Dans le ciel noir de Paris, il y a un grand feu d'artifice.

7 La photo est ancienne. On voit une femme du début du XXe siècle. Elle peint. Elle est à côté d'une petite table. Sur son tableau, on lit : « 1er janvier ». C'est une carte pour la nouvelle année. Sur la carte, on lit : « Bonne heureuse année. »

Communiquez

❹ Et dans votre pays ?
▶ Faire travailler les apprenants en sous-groupes.
Leur demander de répondre aux questions 1 et 2 de l'activité et de discuter entre eux.
Production libre.

❺ Souvenirs, souvenirs…
▶ Faire travailler chaque apprenant à partir des témoignages présentés en haut de la double page.
Les apprenants doivent raconter par écrit à la manière des témoignages du *Mag féminin* un très bon souvenir de fête en famille ou avec des amis.
Production libre.

Infos

• **La Saint-Valentin :** le 14 février, c'est la fête de l'Amour et des Amoureux. Les couples s'offrent des fleurs, vont au restaurant…

• **La fête du Travail** : Le 1er Mai est toujours un jour férié. Les gens vendent ou achètent du muguet, porte-bonheur.

• **La fête des Mères :** le quatrième dimanche du mois de mai, on fête les mamans. Les maris offrent un cadeau à la mère de leurs enfants, qui présentent eux aussi un petit cadeau à leur mère. (En juin, il existe aussi une fête des Pères.)

• **Le 14 Juillet :** cette fête nationale commémore la prise de la Bastille lors de la révolution française de 1789.

• **Noël :** on célèbre cette fête (religieuse pour certains) le 25 décembre, souvent en famille, autour d'un bon repas (foie gras, huîtres, dinde et bûche de Noël au dessert). La veille, il y a très souvent un repas de réveillon de Noël.

• **Le nouvel an :** le 31 décembre, veille du jour de l'an, c'est la Saint-Sylvestre, les Français organisent des réveillons ou y participent (au restaurant, chez des amis…). À minuit, tous les convives échangent leurs vœux pour l'année qui commence.

BILAN 5

❶ Qu'est-ce qu'il a mangé ?
Corrigé
1 À midi, Mahdi a mangé des légumes, du poisson et de la salade. Il a bu de l'eau.
2 Il n'a pas mangé de viande, de pain ou de pommes de terre.

❷ Du singulier au pluriel.
Corrigé
1 Vous buvez du vin avec le poisson ?
2 Nous mangeons la dernière crêpe ?
3 Vous achetez le journal ?
4 Elles boivent du café ou du thé, le matin ?
5 Est-ce que nous achetons du pain ?

❸ C'est comment ?
Corrigé
1 bonne – excellentes.
2 grand – bruyant.
3 jolies – chères.
4 sympa* – beaux !
5 petit – jolies.

(* *Sympa* est un adjectif invariable en genre et en nombre, ce qui n'est pas le cas de l'adjectif *sympathique* qui, lui, s'accorde.)

❹ Qu'est-ce qu'ils ont fait ?
Corrigé
1 – Alors, Étienne, qu'est-ce que tu **as fait** hier soir ?
– Je **suis allé** au cinéma avec Mélanie et après nous **avons dîné** dans un restaurant, à Montmartre.
2 – Anne, tu **as acheté** le lait et les œufs ?
– Oui, j'**ai fait** les courses ce matin.
3 – Yasmina et Isabelle **sont allées** à Paris ce week-end : elles **ont visité** le musée d'Orsay, elles **ont fait** des courses et elles **sont allées** en boîte, samedi soir. Elles **sont rentrées** hier soir.
4 – Madame Lilian ? Ah, je suis désolée, monsieur, madame Lilian **est partie**.
5 – Combien de temps est-ce que Michel et toi, vous **avez travaillé** en Pologne ?
– Deux ans. Nous **sommes rentrés** l'année dernière.

❺ Tout est une question de temps.
Corrigé
1e, 2a, 3c, 4d, 5b.

Unité 6 :
On ne peut pas plaire à tout le monde !

LEÇON 21

Qu'est-ce qu'on peut faire ?

p. 62-63

- **Contenu socioculturel** — Les comportements rituels
- **Objectifs communicatifs** — Demander, donner et refuser une permission
  — Exprimer des interdictions
- **Contenus linguistiques** — Le verbe *pouvoir*
  — La négation de l'impératif
  — Les pronoms COI après l'impératif affirmatif
- **Phonétique** — L'opposition [ʃ] et [ʒ]
- **Savoir-faire** — Permettre ou interdire quelque chose

VOCABULAIRE

l'alcool – un CD – un(e) chien(ne) – le chocolat – une classe (école) – comment ça ? – différent(e) – donner – excusez-moi – interdire – un médecin – offrir – une personne – une place (spectacle) – pouvoir – un spectacle – un téléphone portable – une voiture

Découvrez

❶ Où est-ce qu'ils sont ?
▶ Livre fermé, faire écouter une première fois les trois dialogues.
Demander aux apprenants de dire où se trouvent les différentes personnes.

| Corrigé
1 Elles se trouvent dans la voiture-bar d'un TGV.
2 Elles se trouvent à la réception d'un hôtel.
3 Elles se trouvent à l'entrée d'un théâtre.

• 81

❷ Qu'est-ce qu'ils ne peuvent pas faire ?

▶ Avant de commencer l'activité, demander aux apprenants de lire la partie *Le verbe pouvoir* dans la rubrique *Grammaire*, p. 62. Souligner les trois radicaux du verbe : *peu-, pouv-, peuv-*.
Faire écouter les trois dialogues une deuxième fois.
Faire relever dans chacun des dialogues ce que les personnes ne peuvent pas faire.

> **Corrigé**
> 1 Elle ne peut pas fumer dans le bar du TGV.
> 2 Il ne peut pas prendre son chien avec lui dans la chambre.
> 3 Il ne peut pas entrer dans la salle.

▶ Pour finir, demander aux apprenants de lire et de jouer les dialogues par groupes de deux.

Entraînez-vous

❸ Et ici ?

▶ Faire travailler les apprenants en sous-groupes.
Leur demander d'indiquer ce qu'on peut faire ou ne pas faire dans les lieux cités.

> **Corrigé**
> Réponses possibles :
> **1 Au cinéma**
> On peut voir un film. On peut manger du pop-corn. On peut entrer dix minutes après le début du film.
> On ne peut pas parler avec son voisin.
> On ne peut pas fumer. On ne peut pas prendre son chien.
> **2 En classe**
> On peut étudier. On peut écouter le professeur. On peut répondre aux questions.
> On ne peut pas parler avec ses amis.
> On ne peut pas écouter de la musique.
> On ne peut pas manger.
> **3 Au restaurant**
> On peut manger. On peut boire. On peut parler avec ses amis. On peut parfois prendre son chien.
> On ne peut pas regarder la télévision.
> On ne peut pas faire des courses. On ne peut pas jouer au volley-ball.

❹ Qu'est-ce qui est permis ?

▶ Demander aux apprenants de consulter la partie *La négation de l'impératif* dans la rubrique *Grammaire* et la partie *Exprimer des interdictions* dans la rubrique *Façons de dire*, p. 63.
Faire lire la consigne de l'activité.
Faire lire l'exemple.
Demander aux apprenants d'observer les pictogrammes.

▶ Passer à l'activité.
Faire travailler les apprenants par groupes de deux.
Chaque apprenant demande à son voisin s'il peut 1) fumer, 2) prendre son chien avec lui, 3) tourner à gauche, 4) traverser, 5) téléphoner. Les voisins répondent par la négative en utilisant une interdiction.

> **Corrigé**
> 1 – Est-ce que je peux fumer ici ?
>   – Non, il est interdit de fumer ici.
> 2 – Est-ce que je peux prendre mon chien avec moi ?
>   – Non, il est interdit de prendre son chien.
> 3 – Est-ce qu'on peut tourner à gauche ?
>   – Non, on ne peut pas tourner à gauche.
> 4 – Est-ce que je peux traverser ici ?
>   – Non, tu ne peux pas traverser ici/il est interdit de traverser/il n'est pas permis de traverser./Ne traverse pas.
> 5 – Est-ce que je peux téléphoner ?
>   – Ne téléphone pas.

❺ Qu'est-ce qu'ils disent ?

▶ Attirer l'attention des apprenants sur la dernière réplique du troisième dialogue : *Bon, alors, donnez-moi deux places pour demain.*
Faire observer la partie *Les pronoms compléments indirects après l'impératif affirmatif* dans la rubrique *Grammaire*.

▶ Passer à l'activité.
Faire compléter les phrases avec *moi, toi, lui, nous, vous* ou *leur*.

> **Corrigé**
> 1 moi.
> 2 toi.
> 3 vous.
> 4 lui.
> 5 nous.
> 6 leur.

82

Communiquez

❻ Au régime.

▶ Faire travailler les apprenants par groupes de deux.
Faire lire la consigne de l'activité.
Faire observer le tableau *Feu vert, feu rouge*, qui présente les bons et les mauvais aliments pour lutter contre le cholestérol.
Faire réfléchir les apprenants à ce qu'on peut faire et ne pas faire quand on fait un régime.

Ce que l'on peut faire	Ce que l'on ne peut pas faire
• Aller au travail à pied.	• Il n'est pas permis de manger du beurre.
• Faire du sport.	• On ne peut pas manger de pommes de terre.
• Manger des fruits et des légumes.	• Il n'est pas permis de manger du chocolat.
• Manger du poisson, des pâtes…	• Il est interdit de boire de l'alcool…

Faire consulter la rubrique *Façons de dire : Demander, donner et refuser une permission* et *Exprimer des interdictions*.
L'un des apprenants joue le médecin, l'autre le patient qui veut faire un régime. Le patient demande des permissions et exprime des besoins, le médecin donne ou refuse des permissions suivant les cas et exprime des interdictions.

Ce que vous dites pour…	Ce que l'autre personne dit pour…
• s'informer sur des habitudes	• parler de ses habitudes
– Qu'est-ce que vous mangez habituellement ?	– En général, je ne mange pas de légumes et je bois beaucoup de Coca. J'aime manger du pain et des pommes de terre.
• exprimer une interdiction	
– On ne peut pas manger du pain avec des pommes de terre.	• demander une permission
– Désolé, vous ne pouvez pas manger de gâteaux.	– Je peux manger des gâteaux ?
• exprimer des besoins	
– Il faut acheter et manger beaucoup de fruits et de légumes.	
• indiquer des quantités	
– Vous pouvez manger 100 grammes de viande le midi.	

▶ Passer au jeu de rôles.
Production libre.

Prononcez

❼ Opposer [ʃ] et [ʒ].

OBJECTIF : discriminer les phonèmes [ʃ] et [ʒ].
▶ Avant de faire écouter l'enregistrement, prononcer les deux symboles.
Faire dessiner un tableau à deux colonnes (une colonne [ʃ] et une colonne [ʒ]).
Expliquer aux apprenants qu'ils devront cocher la colonne correspondant au son qu'ils entendront.
▶ Passer à l'activité.

Faire écouter les huit énoncés.
Demander aux apprenants s'ils ont entendu [ʃ] ou [ʒ].

| Corrigé
| [ʃ] 1, 2, 3, 6, 8   [ʒ] 4, 5, 7

▶ Présenter ensuite aux apprenants les graphies correspondant aux sons :
– [ʃ] s'écrit *ch* (comme dans *ch*aussure, a*ch*eter, *ch*ien) ;
– [ʒ] s'écrit *j* ou *ge* (comme dans *j*e, rou*ge*).
Souligner que *Je sais pas* [ʒəsɛpa] devient *J(e) sais pas* [ʃɛpa].

• 83

LEÇON 22

Petites annonces p. 64-65

• Contenus socioculturels	– Les comportements rituels
	– Le monde du travail (petites annonces)
• Objectifs communicatifs	– Exprimer la possibilité, le savoir-faire, la volonté
	– Exprimer l'obligation
• Objectifs linguistiques	– Les verbes *vouloir* et *savoir* au présent
	– *Il faut* + infinitif
• Phonétique	– Les semi-voyelles [ɥ] et [w]
• Savoir-faire	– Se présenter dans un cadre professionnel

VOCABULAIRE

un(e) candidat(e) – contacter – déjà – dire – dynamique – une école – un(e) étranger/étrangère – une expérience – important – indispensable – jeune – une langue – une lettre – un mot – un point faible – un point fort – privé – un problème – réserver – une restauration – savoir – souriant – vouloir

Découvrez

❶ JF cherche travail.

1 ▶ Demander aux apprenants d'observer l'illustration de la leçon puis de lire la petite annonce.
Leur demander ce que signifient les lettres *JH* et *JF*.

Corrigé
JH = jeune homme.
JF = jeune femme.

Expliquer si nécessaire les mots *souriant* et *dynamique*.

2 ▶ Demander aux apprenants de rappeler le profil du poste : *personne entre 25 et 35 ans, souriante, dynamique, quadrilingue (anglais, allemand, espagnol et français), disponible pour travailler parfois le week-end.*
Avant d'écouter l'enregistrement, faire dessiner un tableau à trois colonnes. Dans la première colonne, faire écrire les éléments du profil recherché, la deuxième et la troisième colonne servant à noter les points forts et les points faibles du candidat.

▶ Passer à l'exercice.
Faire écouter le dialogue une première fois.
Demander aux apprenants de dire, d'après ce qu'ils ont noté dans leur tableau, quels sont les points forts et les points faibles du candidat.

Corrigé

Profil	Points forts	Points faibles
entre 25 et 35 ans		La personne n'a pas entre 25 et 35 ans. (Elle a 22 ans.)
souriant(e)	?	?
dynamique	La personne fait du tennis et de la natation.	
parle anglais, allemand et espagnol	Parle anglais et allemand.	Ne parle pas espagnol.
peut travailler, parfois, le week-end	oui	

La personne n'a pas entre 25 et et 35 ans et ne parle pas espagnol mais elle a une expérience d'un an dans un institut de langues en Allemagne, parle allemand et anglais, et est dynamique (sportive).

▶ Faire travailler les apprenants par deux.
Leur demander de lire la transcription du dialogue p. 111 puis de jouer la scène.

Entraînez-vous

❷ *Pouvoir, vouloir* ou *savoir* ?
▶ Faire observer la partie *Le verbe vouloir au présent* dans la rubrique *Grammaire*, p. 64.
Souligner les trois radicaux du verbe : *veu-, voul-, veul-*.
Faire observer la partie *Le verbe savoir au présent* dans la rubrique *Grammaire*.
Souligner les deux radicaux du verbe : *sai-, sav*.
Inviter les apprenants à consulter la partie *Exprimer la possibilité, le savoir-faire, la volonté* dans la rubrique *Façons de dire*, p. 65.
▶ Passer ensuite à l'activité.
Demander aux apprenants de compléter les phrases avec l'un des trois verbes suivants : *pouvoir, vouloir, savoir*.

Corrigé
1 sait.
2 peux.
3 voulez.
4 peuvent.
5 pouvons.

❸ Que faire ?
▶ Faire observer la partie *Exprimer l'obligation* dans la rubrique *Façons de dire* ainsi que la partie *Il faut + infinitif* dans la rubrique *Grammaire*.

Faire lire la consigne de l'activité ainsi que l'exemple.
Demander aux apprenants de dire ce qu'il faut faire dans chacune des quatre situations.

Corrigé
1 Il faut téléphoner à l'office de tourisme de Paris.
2 Il faut prendre des cours dans un institut de langues.
3 Il faut téléphoner à la gare.
4 Il faut aller dans une agence immobilière.

❹ C'est où ?
▶ Faire lire les phrases 1 à 5.
Faire lire l'exemple.
Pour chaque phrase, demander aux apprenants de dire où se trouve la personne qui parle.

Corrigé
1 La personne est dans la rue.
2 La personne est sur un marché ou dans un magasin de fruits et légumes.
3 La personne est à l'université.
4 La personne est au restaurant/chez des amis.
5 La personne est dans le bureau de M. Blaive.

Demander aux apprenants d'imaginer la question qui a été posée.

Corrigé
1 Où est-ce qu'il y a une boulangerie, s'il vous plaît ?
2 Qu'est-ce que vous voulez ?
3 Où est-ce qu'il faut aller pour les cartes d'étudiants ?
4 Est-ce que vous voulez du vin ?
5 Est-ce que vous avez travaillé dans un pays étranger ?/Est-ce que vous savez parler anglais ?

Communiquez

❺ Cours privé.
▶ Faire lire les trois questions avant l'écoute.
Faire écouter le dialogue.
Demander aux apprenants de répondre aux questions.

Corrigé
1 Sa fille ne parle pas un mot d'anglais après un an de cours à l'école.
2 Elle ne sait pas : deux ou trois heures de cours par semaine.
3 L'étudiante peut venir le lundi, le mercredi et le vendredi soir, après 18 heures.

● 85

❻ Un entretien.

▶ Préparation au jeu de rôles.
Faire travailler les apprenants par groupes de deux.
Faire lire la consigne de l'activité et la petite annonce.
L'un des apprenants joue le directeur du restaurant, l'autre le/la candidat(e).
Faire réfléchir les apprenants aux expressions à utiliser.
Faire jouer la scène en s'inspirant du dialogue de la leçon.

Ce que vous dites pour…	Ce que l'autre personne dit pour…
• demander l'âge – *Vous avez quel âge ?* • demander des informations – *Combien d'années d'expérience est-ce que vous avez ?* – *Est-ce que vous parlez anglais ?* • exprimer la possibilité – *Est-ce que vous pouvez commencer lundi prochain ?*	• se présenter – *J'ai 23 ans, j'ai trois années d'expérience dans la restauration.* • donner des informations – *J'ai habité cinq ans à Portsmouth, en Angleterre.* • exprimer un savoir-faire – *Je sais parler anglais.*

▶ Passer au jeu de rôles.
Production libre.

Prononcez

❼ Les semi-voyelles [ɥ] et [w].

OBJECTIF : discriminer et prononcer les semi-voyelles [ɥ] et [w].

▶ Présenter les phonèmes [ɥ] et [w] à la classe.
[ɥ] lèvres arrondies, mâchoires rapprochées, dos de la langue relevé et masse de la langue en **avant**.
[w] lèvres arrondies, mâchoires rapprochées, dos de la langue relevé et masse de la langue en **arrière**.
Proposer cinq mots connus : *mois, week-end, oui, lui, huit*. Les écrire au tableau.
Prononcer chacun d'eux en articulant bien.

Souligner dans chaque mot les semi-voyelles : [w] : *mois, week-end, oui* ; [ɥ] : *lui, huit*.
Faire répéter les apprenants.

▶ Passer à l'activité.
Faire écouter le premier énoncé.
Demander aux apprenants s'ils entendent les sons [ɥ] ou [w].
Procéder de la même manière pour les quatre autres énoncés.
Faire prononcer les phrases.

| Corrigé
| 1 [ɥ] cuisine.
| 2 [w] oui.
| 3 [ɥ] bruyant.
| 4 [w] Louis.
| 5 [ɥ] aujourd'hui.

LEÇON 23

Qu'est-ce qu'on lui offre ? p. 66-67

- **Contenus socioculturels** — Les comportements rituels
  — Le monde du travail

- **Objectifs communicatifs** — Faire des propositions
  — Accepter une proposition
  — Refuser une proposition

- **Objectifs linguistiques** — Les verbes *connaître* et *offrir* au présent
  — Les pronoms COD *le, la, l', les*
  — Les pronoms COI *lui, leur*

- **Phonétique** — Le *e* caduc

- **Savoir-faire** — Accepter et refuser une proposition

VOCABULAIRE

choisir – un(e) collègue – connaître – le goût – une idée – un(e) invité(e) – laisser – un lieu – nouveau/nouvelle – offrir – original – un plat – quelque chose – quitter – la retraite – tenir

Découvrez

❶ Quel cadeau choisir ?

1 ▶ Livre fermé, faire écouter le dialogue une fois.
Faire lire les questions de l'exercice.
Demander aux apprenants d'y répondre (il faut introduire le mot *parce que* qui répond à la question *pourquoi*).
Faire écouter l'enregistrement une deuxième fois.
Faire compléter les réponses.

> **Corrigé**
> a Ils veulent lui offrir un cadeau parce qu'elle quitte l'agence cette semaine.
> b Jasmine part à la retraite.
> c Pour son départ, ses collègues veulent acheter un livre d'art.
> d Ils ne peuvent pas lui offrir ce cadeau parce que le directeur lui achète un livre.

2 ▶ Faire observer les parties *Le verbe connaître au présent* et *Le verbe offrir au présent* dans la rubrique Grammaire, p. 66.
Faire lire le dialogue.
Faire observer les lignes 6 et 8 du dialogue.
Demander aux apprenants de dire ce que remplacent les pronoms *lui* (on **lui** offre un cadeau) et *la* (tu **la** connais bien).

> **Corrigé**
> • *Lui* remplace *à Jasmine* (offrir quelque chose à quelqu'un).
> • *La* remplace *Jasmine* (connaître quelqu'un).

Demander ensuite aux apprenants d'expliquer la différence entre les deux pronoms.

> **Corrigé**
> Dans le premier cas, *lui* est un pronom d'objet indirect (il y a une préposition entre le verbe et l'objet) ; dans le second cas, *la* est un pronom d'objet direct.

• 87

▶ Demander aux apprenants de consulter les parties *Les pronoms COD : **le, la, l', les*** et *Les pronoms COI : **lui, leur*** dans la rubrique *Grammaire*.

Entraînez-vous

❷ Réponse à tout.
▶ Faire lire la consigne et l'exemple.
Faire compléter les phrases avec un pronom COD : *le, la, l'* ou *les*.

> Corrigé
> 1 les.
> 2 la.
> 3 l'.
> 4 le.
> 5 le.

❸ *Lui* ou *leur* ?
▶ Faire lire la consigne.
Faire compléter les phrases avec un pronom COI : *lui* ou *leur*.

> Corrigé
> 1 Non, elle ne leur a pas écrit.
> 2 Oui, je lui offre des fleurs.
> 3 Non, je ne lui fais pas de cadeau.
> 4 Oui, je leur téléphone.
> 5 Non, ils ne lui parlent pas.

❹ Qu'est-ce qu'ils font ?
▶ Faire lire les énoncés.
Demander aux apprenants de trouver la question à chacune des réponses proposées.

> Corrigé
> Réponses possibles :
> 1 À quelle heure est-ce qu'il prend son bus/train ?
> 2 Qu'est-ce que tu donnes à tes voisins ?
> 3 Est-ce que ta femme invite ses parents au restaurant ?
> 4 Est-ce que vous achetez le journal ?
> 5 Qu'est-ce que tu offres à ta sœur ?

❺ E-mail.
▶ Faire lire l'e-mail.
Demander aux apprenants de compléter le texte avec les pronoms adéquats.

> Corrigé
> lui – l' – lui – leur – les – la.

Communiquez

❻ L'anniversaire surprise.
▶ Préparation au jeu de rôles.
Faire travailler les apprenants par groupes de deux.
Leur faire consulter la rubrique *Façons de dire*, p. 67 : *Faire des propositions, Accepter une proposition* et *Refuser une proposition*.
Faire réfléchir les apprenants aux expressions à utiliser.

▶ Faire jouer la scène en s'inspirant du dialogue de la leçon.

Ce que vous dites pour...	Ce que l'autre personne dit pour...
• faire une proposition – *On peut organiser une fête pour l'anniversaire de Luigi.* – *Téléphonons à ses amies pour leur dire de venir.* • s'informer sur une date – *Est-ce que c'est vendredi ou samedi son anniversaire ?* • refuser une proposition – *Non, on ne connaît pas ses goûts.* – *Non, ce cadeau n'est pas très original.*	• accepter une proposition – *Oui, c'est une très bonne idée.* • s'informer sur l'organisation – *Où est-ce qu'on peut faire cette fête ?* – *Qu'est-ce qu'on prépare comme plats ?* – *Qu'est-ce qu'on peut faire comme surprise ?* • faire une proposition – *On peut lui offrir des CD ? Et pourquoi pas des rollers ?*

▶ Passer au jeu de rôles.
Production libre.

Prononcez

❼ Le e caduc.

OBJECTIF : faire travailler la différence entre la graphie et la phonie (les *e* écrits ne sont pas toujours dits).

▶ Livre fermé, faire écouter le premier énoncé. Demander aux apprenants de compter le nombre de syllabes qu'il contient.
Le faire répéter.
Procéder de la même manière pour les cinq autres énoncés.
Livre ouvert, faire écouter le premier énoncé une nouvelle fois, en demandant aux apprenants de regarder comment il est écrit.

Faire comparer la graphie et la phonie.
Demander aux apprenants de trouver le *e* caduc.
Procéder de la même manière avec les cinq autres énoncés.

Corrigé
1 Je l∉ connais. [ʒəlkonɛ]
2 Je n∉ sais pas. [ʒənsɛpa]
3 On l∉ voit. [ɔ̃lwva]
4 Vous l∉ faites. [vulfɛt]
5 Nous l∉ savons. [nulsavɔ̃]
6 Je n∉ mang∉ pas ça. [ʒənmɑ̃ʒpasa]

LEÇON 24

Être le candidat idéal p. 68-69

- **Contenu socioculturel** — Le monde du travail (guide de l'ANPE)
- **Objectifs communicatifs** — Demander, donner et refuser une permission
  — Exprimer des interdictions
- **Savoir-faire** — Conseiller quelqu'un

VOCABULAIRE

avant – un cheveu (des cheveux) – correctement – une entreprise – un entretien – exactement – faire attention – familier – le matériel informatique – un œil (des yeux) – peut-être – poser – une présentation – raconter – réussir – utiliser – vendre – une vie

Découvrez

❶ Qu'est-ce que c'est ?

▶ Faire observer l'illustration de la leçon.
Faire lire le document présenté sur la double page.
Demander ce qu'on peut y lire. (Réponse : on peut y lire des conseils pour réussir un entretien : ce qu'il faut faire avant et pendant l'entretien.)
Demander aux apprenants de dire qui l'a écrit et pour qui.

> **Corrigé**
> - C'est l'ANPE qui l'a écrit.
> - L'ANPE a écrit ce document pour les candidats à un travail. Le document donne des conseils pour réussir un entretien.

❷ Et quoi encore ?

▶ Faire travailler les apprenants en sous-groupes.
Faire lire l'exemple.
Demander d'imaginer trois autres conseils pour réussir un entretien.

> **Corrigé**
> Réponses possibles :
> - Portez de beaux vêtements.
> - Regardez sur un plan comment aller à votre entretien.
> - Partez tôt de chez vous.
> - N'allez pas à votre rendez-vous en rollers.
> - Ne dites pas *tu* à la personne.

❸ Les erreurs.

▶ Faire écouter le dialogue (une ou deux fois).
Demander aux apprenants de repérer les conseils que la candidate ne respecte pas.

> **Corrigé**
> La candidate n'a pas recherché d'informations sur l'entreprise.
> Elle raconte sa vie personnelle.
> Elle ne parle pas correctement et utilise des mots familiers : *ouais, j'ai pas…*
> Elle ne pose pas de questions sur l'entreprise.

Communiquez

❹ Et dans votre pays ?
▶ Faire travailler les apprenants par groupes de deux.
Leur demander de répondre aux trois questions.
Production libre.

❺ À vous !
▶ Faire travailler les apprenants en sous-groupes.
Faire lire la consigne de l'activité.
À la manière de *Comment réussir un entretien*, les apprenants doivent écrire un petit guide de conseils, après avoir choisi un thème.
Production libre.

Pour aller plus loin
▶ Faire travailler les apprenants par deux.
Leur demander de relire, dans la double page de la leçon, tous les mots qui possèdent un son nasal : [ɑ̃], [ɔ̃], ou [ɛ̃].
Faire classer ces mots dans trois colonnes distinctes correspondant chacune à un son nasal.

[ɑ̃] comm**ent**, **en**treti**en**, docum**ent**, **en**core, c**an**didate, av**an**t, att**en**tion, prés**en**tation, vêtem**en**ts, p**en**dant, souri**an**t(e), correctem**en**t, **en**treprise, Ag**en**ce, **em**ploi, suiv**an**tes, exactem**en**t, étr**an**ger

[ɔ̃] c**on**seils, informati**ons**, attenti**on**, présentati**on**, répo**n**dez, rac**on**tez, questi**ons**, **on**

[ɛ̃] entreti**en**, **in**formations, vois**in**

Demander aux apprenants de prononcer chacun des mots en insistant bien sur la prononciation des voyelles nasales.
Mettre en commun les réponses de chaque groupe de deux personnes.
Écrire les réponses au tableau dans trois colonnes.
Attirer l'attention des apprenants sur les mots qui possèdent plus d'une voyelle nasale :
- **en**treti**en** [ɑ̃tʀətjɛ̃]
- att**en**ti**on** [atɑ̃sjɔ̃]
- p**en**d**an**t [pɑ̃dɑ̃]
- prés**en**tati**on** [pʀezɑ̃tasjɔ̃]
- **in**formati**ons** [ɛ̃fɔʀmasjɔ̃]

Faire relever les différentes façons d'écrire chaque son, compléter si nécessaire :

[ɑ̃] an, en
+ am *(campagne)*, em *(temps)*

[ɔ̃] on
+ om *(complet)*

[ɛ̃] in
+ im *(important)*, ain *(main)*, un *(brun)*

BILAN 6

❶ Mots croisés.
Corrigé
1 entretien.
2 entreprise.
3 travail.
4 retraite.
5 contacter.
6 expérience.

❷ é ou *er* ?
Corrigé
1b, 2a, 3b, 4b, 5a, 6a.

❸ Du singulier au pluriel.
Corrigé
– **Vous savez** parler italien et espagnol, **vous** ?
– Oui, oui, **nous savons** parler italien, anglais et espagnol.
– D'accord, mais est-ce que **vous pouvez** aussi écrire des lettres dans ces trois langues ?
– **Nous pouvons** écrire des lettres en italien et en anglais, oui. Pas en espagnol.
– Et Alicia ?
– Alicia ? Elle est mexicaine, alors elle peut parler et écrire en espagnol, bien sûr. Mais elle ne veut pas travailler avec **vous**. Et **nous**, **nous ne voulons** pas travailler avec elle…
– Oh ! là, là !

❹ Dites-le autrement.
Corrigé
1 Ne faites pas de la gymnastique dans l'avion.
2 Ne mangez pas dans les musées.
3 N'écrivez pas sur les murs de l'école.
4 Ne dormez pas pendant le cours.
5 Ne visitez pas ce musée le mardi.

❺ Que faut-il faire ?
Corrigé
1 lui.
2 moi.
3 leur.
4 nous.

❻ Fred, Lucie, Hélène et les autres.
Corrigé
1 Oui, elle l'invite.
  Non, elle ne l'invite pas.
2 Oui, je lui téléphone.
  Non, je ne lui téléphone pas.
3 Oui, je la connais.
  Non, je ne la connais pas.
4 Oui, elle le quitte.
  Non, elle ne le quitte pas.
5 Oui, je/nous leur offre/offrons un cadeau.
  Non, je/nous ne leur offre/offrons pas de cadeau.

Évaluation orale 2

p. 71

ÉVALUATION

❶ Vrai ou faux ? DELF

Corrigé
Vrai : 1, 2, 5, 6.
Faux : 3, 4, 7.

❷ À quelle heure passe le film ?

Corrigé

Façons de dire :

Ce que disent ceux qui téléphonent pour :	Ce que dit l'employé du Rex pour :
• Saluer	• Saluer
– Allô ! bonjour/bonsoir, madame/monsieur.	– Bonjour/bonsoir, madame/monsieur.
• Demander des informations	• Demander plus de détails
– Je voudrais connaître les horaires du film *L'homme du train/Être et avoir/Le pianiste/Adolphe*, s'il vous plaît.	– Pour quel jour ?
– Je voudrais connaître les tarifs de votre cinéma, s'il vous plaît.	• Donner des informations
– Est-ce que je peux voir le film *Le pianiste* aujourd'hui à 18 h 00 ?	– Vous pouvez voir le film *L'homme du train* les lundi, mardi, jeudi et vendredi à 19 h 45 et 22 h 15 et les mercredi, samedi et dimanche à 14 h, 16 h 30, 19 h 45, et 22 h 15.
– Je voudrais connaître le noms des acteurs du film *Le pianiste*, s'il vous plaît.	– Non, vous ne pouvez pas voir le film *Le pianiste* à 18 h 00 mais vous pouvez le voir à 16 h 45 ou 19 h 45.
– À quelle heure commence le film *L'homme du train* vendredi prochain ?	– Les acteurs qui jouent dans *Le pianiste* sont Adrien Brody et Thomas Kretschmann.
	– Le film *L'homme du train* commence à 19 h 45 ou à 22 h 15 le vendredi.

❸ Racontez. DELF

Corrigé

Réponses possibles :

1 En général, le soir après le travail, je rentre chez moi, je dîne et ensuite je regarde la télévision jusqu'à 23 h 30. Je m'endors tard, vers minuit, minuit et demie. Je dors 6 à 7 heures par nuit./ En général, le soir après le travail, je sors avec des amis. Nous dînons dans un restaurant et ensuite nous allons danser en boîte.

2 Hier, je suis allé(e) à l'école de langues pour mon cours de français et ensuite j'ai déjeuné avec mes amis italiens et allemands. De 14 h 30 à 16 h, nous nous sommes promenés dans la ville et à 16 h 30 je suis rentré(e) chez moi pour faire mes exercices. Je me suis lavé(e) et vers 19 h 30 je suis sorti(e) et je suis allé(e) dans un bar avec des amis. Nous y sommes restés une heure et j'ai bu un verre de vin. Ensuite nous avons dîné chez une amie japonaise. C'était très sympa. Je me suis endormi(e) vers 23 h 30.

• 93

Évaluation écrite 2

p. 72

❶ Qu'est-ce qu'on peut manger ?

Corrigé

1 On peut manger…
- a du poisson : oui
- b des œufs : oui, un peu
- c des pommes de terre : non
- d des crêpes au chocolat : non
- e de la salade : oui
- f des yaourts : on ne sait pas
- g du pain : oui, un peu

2 On peut boire…
- a du Coca = on ne sait pas
- b du vin : oui, un peu
- c du jus d'orange : on ne sait pas
- d du thé au lait : on ne sait pas
- e du café : oui
- f de l'eau : oui
- g du whisky : on ne sait pas/non

❷ Week-end à Paris. DELF

Corrigé

Réponse possible :

Dimanche 15, après-midi

Chère Yacine,

Je t'écris de la capitale de la France : Paris. Je suis arrivé hier matin et j'ai vu beaucoup de très belles choses. J'ai visité le musée du Louvre avec mes amis français, Marc et Catherine. Je suis allé à Montmartre, dans le café d'Amélie Poulain. J'y ai mangé une crème brûlée, c'est un dessert français avec des œufs, du lait et du sucre.

Hier soir, nous nous sommes promenés au bord de la Seine et ensuite nous sommes allés danser dans une boîte de nuit. J'ai dormi chez Marc et Catherine, dans la chambre d'amis. Ce midi, je les ai invités au restaurant, c'était très sympa. Maintenant, il est six heures et je t'écris cette carte postale du troisième étage de la tour Eiffel. Je rentre à Londres ce soir, en train. (Je prends l'Eurostar à 21 heures.)
Je t'embrasse. À bientôt,

Andrew

Unité 7 :
Un peu, beaucoup, passionnément...

LEÇON 25

Enquête dans la rue

p. 74-75

- **Contenu socioculturel** — Le cadre de vie, les loisirs et les vacances
- **Objectifs communicatifs** — Exprimer des goûts et des préférences
  — Exprimer la fréquence ou l'intensité
- **Objectifs linguistiques** — Les pronoms *en* et *ça*
  — La négation *ne... plus*
- **Phonétique** — Le *e* caduc entre deux consonnes
- **Savoir-faire** — Parler de ses loisirs

VOCABULAIRE

une activité – adorer – aujourd'hui – détester – une discothèque – des loisirs – un magazine – un opéra – pas du tout – préférer – un questionnaire – répondre – un sexe

Découvrez

❶ Les loisirs des Français.

1 ▶ Demander aux apprenants de lire le titre de la leçon, de regarder l'illustration et de regarder le questionnaire.
Faire écouter le dialogue.
Demander aux apprenants de repérer les réponses données à l'aide du questionnaire.

Corrigé
1 H, 26/35.
2 Non.
3 Beaucoup.
4 Avec des amis.
5 Le cinéma, le théâtre.
6 Lire (un livre, un journal, un magazine).
7 Chez vous/chez eux.
8 Dans les bars.

• 95

▶ Demander aux apprenants de lire la transcription, p. 112.
Faire jouer le dialogue en sous-groupes.

2 ▶ Attirer l'attention des apprenants sur deux phrases du dialogue transcrites dans le livre :
a *J'ai fait du sport, mais aujourd'hui, non... je n'en fais plus.*
b *J'aime beaucoup le cinéma... [...] Mais l'opéra et les musées, non... Je déteste ça !*
Demander aux apprenants de dire ce que remplace *en* dans la phrase a et ce que remplace *ça* dans la phrase b.

> **Corrigé**
> a *En* remplace *du sport*. On aurait pu dire : *Je ne fais plus de sport.*
> b *Ça* remplace *l'opéra et les musées*. On aurait pu dire : *Je déteste l'opéra et les musées.*

▶ Demander aux apprenants de consulter les parties *Le pronom en* et *Le pronom ça* dans la rubrique *Grammaire*, p. 74.

(Il est intéressant de faire remarquer la syntaxe des questions 2, 3, 4, 6, 7 et 8 de l'enquête, qui sont du type inversion verbe-sujet : *Faites-vous du sport = est-ce que vous faites du sport ?/Avec qui sortez-vous = avec qui est-ce que vous sortez ?*... L'inversion verbe-sujet est la forme grammaticalement la plus correcte pour l'écrit et rend la question plus formelle.)

Entraînez-vous

❷ Un peu, beaucoup...
▶ Faire lire l'exemple.
Demander aux apprenants de répondre aux questions en utilisant à chaque fois le pronom *en*.

> **Corrigé**
> 1 Oui, elle en a un peu.
> 2 Oui, j'en lis beaucoup.
> 3 Oui, il en a fait un peu.
> 4 Oui, j'en ai beaucoup.

Communiquez

❻ À vous !
▶ Faire lire la consigne de l'activité.
Faire travailler chaque apprenant avec son voisin/sa voisine : l'un pose les questions du questionnaire et l'autre y répond, puis ils inversent.
Leur faire consulter la rubrique *Façons de dire*, p. 75 : *Exprimer des goûts et des préférences* et *Exprimer la fréquence ou l'intensité*.
Faire préparer les questionnaires.

❸ Pas du tout !
▶ Faire observer l'exemple de l'activité.
Demander aux apprenants d'expliquer avec leurs mots ce que signifie *ne... plus*.
Faire observer la partie *La négation : ne... plus* dans la rubrique *Grammaire*.
▶ Demander aux apprenants d'imaginer la fin des phrases 1 à 4 en utilisant *en* et *ne... plus*.

> **Corrigé**
> Réponses possibles :
> 1 J'aime beaucoup manger des pommes de terre mais je n'en mange plus, je n'en veux plus.
> 2 J'aime acheter des CD mais je n'en achète plus, je n'ai plus d'argent.
> 3 J'adore prendre des photos mais je n'en prends plus, je n'ai plus le temps.
> 4 J'aime bien offrir des cadeaux à mes amis mais je n'en offre plus, je n'ai plus d'amis !

❹ Question de goût.
▶ Faire lire les questions numérotées de 1 à 5 et les réponses numérotées de a à e.
Demander aux apprenants d'associer chaque question à une réponse.

> **Corrigé**
> 1c, 2b, 3a, 4e, 5d.

Pour aller plus loin
▶ Présenter à la classe une série de photos, cartes postales, illustrations d'aliments, plats cuisinés, sports ou activités diverses *(prendre le métro, manger au restaurant, faire les courses dans un supermarché)* et interroger les apprenants : ils doivent dire s'ils aiment ou s'ils détestent l'objet ou l'activité présenté. On peut introduire de nouveaux mots de vocabulaire.

❺ J'aime... je déteste...
▶ Faire lire le tableau.
Demander aux apprenants de dessiner un tableau similaire.
Leur faire compléter à l'écrit le tableau avec les choses qu'ils aiment et les choses qu'ils détestent.
Production libre.

Ce que vous dites pour…	Ce que l'autre personne dit pour…
• s'informer sur des habitudes – *Est-ce que tu fais beaucoup de sport ?* – *Le week-end, est-ce que tu sors un peu, beaucoup ou pas du tout ?* • interroger sur les goûts – *Est-ce que tu aimes bien aller au cinéma ?*	• exprimer la fréquence ou l'intensité – *Non, je ne fais pas beaucoup de sport. Je joue au tennis une fois par semaine.* • exprimer des goûts et des préférences – *Non, je déteste le théâtre. Je préfère aller au cinéma.*

Production libre.

▶ Demander à chaque apprenant de présenter les goûts de son voisin à la classe.

Prononcez

❼ Le e caduc entre deux consonnes.

OBJECTIF : apprendre à identifier et à prendre en considération les *e* caducs.

▶ Faire lire la première phrase.
Demander aux apprenants d'identifier les *e* caducs (que l'on appelle aussi *e* muets) : ce sont les *e* de mots tels que *le, je, de, ce, me, te, se* qui se trouvent devant un mot qui commence par une consonne ; le *e* caduc se trouve donc entre deux consonnes.
Faire souligner les *e* caducs.
Faire prononcer la phrase.
Procéder de la même manière pour les quatre autres phrases.

Corrigé
1 J'aim∅ beaucoup l∅ cinéma.
 [ʒɛmbokulsinema]
2 J∅ n'aim∅ pas l∅ poisson. [ʒnɛmpalpwasɔ̃]
3 Il fait un peu d∅ sport le dimanch∅.
 [ilfɛɛ̃pødspɔʀlədimɑ̃ʃ])
4 Vous avez beaucoup d∅ travail ?
 [vuzavebokudtʀavaj]
5 J'ador∅ le théâtr∅ ! [ʒadɔʀləteatʀ]

▶ Pour finir, faire écouter l'enregistrement. Demander aux apprenants de répéter les phrases une nouvelle fois en imitant l'enregistrement.

LEÇON 26

Tous à la campagne
p. 76-77

• **Contenu socioculturel**	– Le cadre de vie, les loisirs et les vacances
• **Objectifs communicatifs**	– Demander et exprimer une opinion – Exprimer une contestation
• **Objectifs linguistiques**	– Interroger sur la cause : *Pourquoi… ? Parce que…* – *Trop/Assez* + adjectif, *trop de/assez de* + nom – *Tout/toute, tous/toutes*
• **Phonétique**	– L'opposition des termes par l'intonation
• **Savoir-faire**	– Donner son opinion

VOCABULAIRE

l'argent – assez – attendre – un avantage – avoir raison – changer – comprendre – se connaître – ensemble – un espace vert – être fatigué – gagner – ici – imaginer – un inconvénient – se marier – un monde – ouvert – penser – la pollution – pour ou contre – tout le monde – trop – vivre

Découvrez

❶ Pour ou contre ?
▶ Faire travailler les apprenants en sous-groupes.
Livre fermé, faire écouter le dialogue (une ou deux fois si nécessaire).
Demander à chaque sous-groupe de noter les avantages et les inconvénients de la vie à Paris.

> **Corrigé**
> - Inconvénients : À Paris, il y a trop de voitures, trop de pollution, pas assez d'espaces verts. C'est trop bruyant.
> - Avantages : il y a des théâtres, des cinémas. On peut sortir tous les jours dans les bars ou en boîte. Il y a des magasins ouverts le dimanche.
> - Inconvénient ou avantage selon le point de vue : tout le monde se connaît à la campagne.

▶ Demander ensuite aux apprenants d'ouvrir leur livre p. 76 et de lire le dialogue avec leur voisin.
Faire également observer la photographie.

Entraînez-vous

❷ Pour quelle raison ?
▶ Attirer l'attention des apprenants sur la question *Pourquoi est-ce que vous partez à la campagne ?* et sur la réponse *Parce qu'à Paris, il y a trop de voitures…* (lignes 9-13).
Ensuite, faire observer la partie *Interroger sur la cause : Pourquoi… ? Parce que…* dans la rubrique *Grammaire*, p. 76.

▶ Passer à l'activité.
Demander aux apprenants d'imaginer une réponse avec *parce que* à chacune des cinq questions.

Corrigé
Réponses possibles :
1 Elle est fatiguée parce qu'elle sort tous les soirs en boîte.
2 Elle va au travail à pied parce qu'elle aime se promener le matin.
3 Je change d'appartement parce que je voudrais une grande terrasse.
4 Il part à Marseille parce qu'il veut habiter à côté de la mer.
5 On/Je lui offre un cadeau parce qu'aujourd'hui c'est son anniversaire.

❸ *Trop* ou *pas assez* ?
▶ Faire observer la partie *Trop/Assez + adjectif, trop de/assez de + nom* dans la rubrique *Grammaire*.
▶ Passer à l'activité.
Demander aux apprenants de compléter les phrases avec *trop* ou *pas assez* + adjectif ou *trop de* et *pas assez de* + nom.

Corrigé
1 Je ne fais **pas assez de** sport, en ce moment, parce que j'ai **trop de** travail.
2 Nous quittons notre appartement ; il est **trop** bruyant et **pas assez** grand.
3 Passe à la boulangerie. Il n'y a **pas assez de** pain pour le dîner.
4 La salle est **trop** petite : il n'y a **pas assez de** places.
5 Ce n'est pas **assez** calme. Changeons de table.

❹ *Tout*.
▶ Faire observer la partie *Tout/toute, tous/toutes* dans la rubrique *Grammaire*.
▶ Passer ensuite à l'activité.
Faire lire la consigne de l'activité.

Corrigé
1 toute.
2 tous.
3 tout.
4 toutes.
5 toutes.

❺ *Tous* ou *toutes* ?
▶ Demander aux apprenants de répondre aux questions en utilisant *tous* ou *toutes*.
Attention à l'accord des participes passés et des adjectifs !

Corrigé
1 Oui, ils sont **tous** venu**s**.
2 Oui, elles sont **toutes** magnifique**s**.
3 Oui, ils sont **tous** arrivé**s**.
4 Oui, ils sont **tous** sur la table.
5 Oui, elles sont **toutes** marié**es**.

Communiquez

❻ Qu'en pensez-vous ?
▶ Faire lire les quatre questions.
Faire réfléchir les apprenants à leurs réponses, à leur justification.
Leur faire consulter la partie *Demander et exprimer une opinion* dans la rubrique *Façons de dire*, p. 77.
Faire également utiliser les *Façons de dire* de la leçon 25, p. 75 : *Exprimer des goûts et des préférences* et *Exprimer la fréquence ou l'intensité*.
▶ Faire travailler les apprenants en sous-groupes pour la mise en commun des réponses et les justifications.

Corrigé
Réponses possibles :
1 Je préfère vivre à la campagne parce que c'est plus calme.
2 Je déteste voyager avec des amis parce que les personnes ne sont pas souvent d'accord. Quand je voyage seul, je visite les musées, je me promène dans les villes…
3 J'adore faire les courses au supermarché parce que j'y trouve tout mais j'aime aussi le marché parce que c'est sympa.
4 Travailler beaucoup, moi je n'aime pas du tout ça, mais gagner peu d'argent, ce n'est pas très intéressant. Je préfère ne pas trop travailler et gagner assez d'argent pour vivre !

(Faire remarquer la présence d'un nouveau verbe : *vivre*.
Demander aux apprenants de le conjuguer au présent, les aider et écrire les formes conjuguées au tableau.
Introduire le participe passé : *vécu*.)

Prononcez

❼ Opposer des termes par l'intonation.
OBJECTIF : apprendre à mettre en relief deux éléments du message pour marquer une opposition.

▶ Faire écouter le premier énoncé.

Demander aux apprenants de le répéter en imitant l'intonation pour bien marquer l'opposition. Expliquer aux apprenants que cette mise en relief se marque par l'intonation (montante/descendante).

Procéder de la même façon pour les autres énoncés.

| Corrigé

1 Vous êtes **pour** ou **contre** ?
2 Vous aimez les **petites** ou les **grosses** voitures ?
3 Vous préférez la **bleue** ou la **rouge** ?
4 Elle est **grande** mais pas très **belle**.
5 Vous préférez la **ville** ou la **campagne** ?

Pour aller plus loin
▶ Faire travailler les apprenants en sous-groupes.
▶ Demander à chaque groupe de bien observer la photo illustrant la leçon et d'en faire une description.
▶ Faire réutiliser le vocabulaire déjà étudié.
▶ Autoriser les apprenants à chercher dans un dictionnaire bilingue (ou à interroger le professeur à ce propos) les deux ou trois mots nécessaires à leur description.
▶ Demander ensuite à quelques groupes de présenter leur travail à la classe.
Réponses possibles :
(Les mots soulignés sont des mots inconnus des apprenants, qu'ils ont pu trouver dans le dictionnaire.)
Sur la photo de la leçon 26, on voit un petit village français à la campagne. Il y a des maisons, une église, et à côté du village, il y a une rivière, une petite île, des arbres et des champs. C'est très vert.

LEÇON 27

Les vacances, c'est sacré ! p. 78-79

• **Contenu socioculturel**	– Le cadre de vie, les loisirs et les vacances
• **Objectifs communicatifs**	– Exprimer des goûts – Donner des conseils
• **Contenus linguistiques**	– Les verbes pronominaux au présent et au passé composé – La place du pronom à l'impératif avec un verbe pronominal
• **Phonétique**	– L'alternance [ɛ] et [ə] dans quelques verbes
• **Savoir-faire**	– Parler de ses vacances

VOCABULAIRE

s'amuser – arrêter – se baigner – bref – se calmer – le camping – enfin – s'ennuyer – une glace – parce que – une pause – un point de vue – rêver – le soleil – super – vivement – vraiment

Découvrez

❶ Vivement les vacances !

1 ▶ Faire travailler les apprenants en sous-groupes.
Leur donner pour consigne de relever ce que chaque femme aime faire pendant les vacances. (Les membres du sous-groupe peuvent se répartir les tâches : l'un note ce qu'aime la première femme, un autre s'intéresse à la deuxième, etc.)
Faire écouter l'enregistrement (une ou deux fois).

Corrigé
- La première femme adore passer les vacances avec sa famille : ils vont à la plage, ils se baignent, ils s'amusent, ils mangent des glaces, ils se reposent.
- La deuxième femme aime beaucoup le calme et la nature. Elle et son ami/mari adorent faire du camping.
- La troisième femme part toujours/aime partir à l'étranger.

2 ▶ Demander de dire où chacune des trois femmes dort pendant les vacances.
L'endroit n'est pas explicitement mentionné, demander aux apprenants de faire des déductions ou des hypothèses.

Corrigé
- La première femme dort chez son frère et sa femme, à Cannes.
- La deuxième femme dort dans un camping du Périgord.
- La troisième femme dort dans un hôtel en Grèce.

Pour aller plus loin
▶ Demander aux apprenants de chercher où se trouvent Cannes et le Périgord. Faire chercher sur une carte où se trouve la Grèce par rapport à la France.

Entraînez-vous

❷ Conseils.
▶ Demander aux apprenants de lire les parties *Les verbes pronominaux* et *La place du pronom*

• 101

à l'impératif avec un verbe pronominal dans la rubrique *Grammaire*, p. 78.

▶ Faire compléter chaque phrase avec le verbe pronominal entre parenthèses.

> **Corrigé**
> 1 repose-toi.
> 2 baignez-vous.
> 3 amusez-vous.
> 4 promène-toi.
> 5 couchez-vous.

❸ Ne faites pas ça !

▶ Faire travailler les apprenants par groupes de deux.
Chaque étudiant doit imaginer, pour chacun des cinq verbes pronominaux de l'activité, un conseil à donner à son partenaire : un vacancier/une vacancière.
Faire utiliser l'impératif négatif, comme dans l'exemple.

> **Corrigé**
> Réponses possibles :
> 1 Ne te lève pas trop tard. Prends un bon petit déjeuner.
> 2 Ne te couche pas trop tard. Repose-toi bien.
> 3 Ne t'habille pas trop. Il fait chaud aujourd'hui : mets une robe.
> 4 Ne t'achète pas de crêpes maintenant. Attends : tu vas dîner dans 30 minutes.
> 5 Ne te promène pas dans les rues la nuit. Rentre chez toi en taxi.

❹ Les vacances, quoi !

▶ Faire lire le texte.
Demander aux apprenants de le réécrire en utilisant le passé composé.

> **Corrigé**
> Cette année, en vacances, je **me suis levé(e)** tous les jours à 10 heures du matin. L'après-midi, je **me suis baigné(e)**, je **me suis reposé(e)**. Et le soir, avec Luc, **nous nous sommes promenés** un peu sur la plage, comme des amoureux. Ensuite, on **est allés** dans un bar ou en boîte, on **s'est amusés** et on **s'est couchés** tard. Les vacances, quoi !

Communiquez

❺ Alors, ces vacances ? 👓

1 ▶ Avant de faire écouter les énoncés, donner pour consigne aux apprenants de repérer si l'opinion de la personne qui parle est positive ou négative.
Ensuite, faire écouter une fois chaque énoncé. Interroger les apprenants après chaque énoncé.

> **Corrigé**
> • Opinion positive : 1, 3, 6.
> • Opinion négative : 2, 4, 5.

2 ▶ Faire écouter les énoncés une nouvelle fois, après avoir donné pour consigne de relever, dans chacun d'eux, l'expression d'opinion.

> **Corrigé**
> 1 Qu'est-ce que c'est bien !
> 2 Ce n'est pas très intéressant !
> 3 C'est vraiment beau !
> 4 Ça n'a pas beaucoup d'intérêt !
> 5 Je me suis ennuyée !
> 6 J'adore ! C'est super !

❻ Souvenirs de vacances.

▶ Faire travailler les apprenants par groupes de deux.
Faire lire la consigne.
Leur faire consulter la rubrique *Façons de dire*, p. 79 : *Exprimer des goûts* et *Donner des conseils*.
Laisser réfléchir les apprenants à ce qu'ils vont dire.

Ce que vous dites pour…	Ce que l'autre personne dit pour…
• s'informer sur une activité	• parler d'événements passés
– Où est-ce que tu es allé(e) en vacances l'année dernière ?	*– L'année dernière, je suis allé(e) en vacances à la Réunion.*
• demander une opinion	• exprimer des goûts
– Est-ce que tu as aimé ?	*– C'est vraiment beau ! L'île est magnifique.*
	• s'informer sur une activité
	– Et toi, est-ce que tu es parti(e) ?

Celui/celle qui a écouté le récit de son voisin/sa voisine raconte à son tour ses dernières vacances.
Production libre.

Prononcez

❼ L'alternance [ɛ] et [ə] dans quelques verbes.
OBJECTIF : discriminer les phonèmes [ɛ] et [ə] et prononcer distinctement les formes différentes d'un même verbe au présent.

1 ▶ Livre fermé, faire écouter les cinq énoncés. Les faire répéter.

2 ▶ Livre ouvert, faire lire les phrases tout en repassant l'enregistrement.
Les apprenants doivent souligner le son [ɛ]. Demander ensuite aux apprenants de dire, pour chaque item, quelles sont les personnes du verbe qui contiennent ce son.

| Corrigé
a Tu te l**è**ves. Vous vous levez.
b Nous nous promenons. Je me prom**è**ne.
c Ils app**e**llent. Nous appelons.
d Elle ach**è**te. Vous achetez.
e Il se l**è**ve. Nous nous levons.

LEÇON 28

Les Français et les vacances p. 80-81

- **Contenu socioculturel** — Le cadre de vie, les loisirs et les vacances
- **Objectif communicatif** — Exprimer des goûts et des préférences
- **Savoir-faire** — Décrire des habitudes de vacances

VOCABULAIRE

culturel – location – monde (les gens) – une montagne – pratique – principalement – rencontrer – une résidence secondaire – un résultat – le tourisme – tranquille

Découvrez

❶ Quelles sont les questions ?

▶ Demander aux apprenants de lire les résultats de l'enquête présentés sur la double page.
Faire remarquer que ces résultats sont regroupés en six rubriques.
Expliquer que chaque rubrique correspond à un groupe de réponses à une question.
Demander aux apprenants de retrouver les six questions de l'enquête.

Corrigé
1 Où est-ce que vous passez vos vacances ?/ Où passez-vous vos vacances ?
2 Est-ce que vous passez vos vacances en France ou à l'étranger ?/Passez-vous vos vacances en France ou à l'étranger ?
3 Comment partez-vous en vacances ?
4 Où habitez-vous pendant les vacances ?/ Où est-ce que vous habitez ?
5 Quand est-ce que vous partez en vacances ?/ Quand partez-vous en vacances ?
6 Quelle est votre activité préférée en vacances ?

❷ Vrai ou faux ?

▶ Demander de relire les résultats de l'enquête.
Faire lire le texte, p. 81 : *Des vacances, oui… mais alors tranquilles !*
Faire relever les erreurs et les faire corriger.

Corrigé
Il y a quatre affirmations qui sont fausses.
1 Ne partez pas en **juin** ou en juillet.
(77 % des Français partent en vacances en juillet ou en août.)
2 Ils préfèrent aller à la **mer**.
(34,9 % des Français préfèrent aller à la campagne pour les vacances.)
3 Ils détestent la **campagne** et adorent la plage.
(Des quatre items cités, c'est la montagne qui est le moins populaire [15,1 %] et la campagne le plus populaire [34,9 %].)
4 Ils restent en général dans des **campings**.
(52,2 % des Français restent en famille ou chez des amis.)

104.

Communiquez

❸ Et vous ?
▶ Faire travailler les apprenants par groupes de deux.
Faire lire l'énoncé et l'exemple.
Demander aux apprenants de répondre aux questions de l'enquête.
Faire justifier les réponses.
Production libre.

❹ Portrait.
▶ Les apprenants doivent faire le portrait par écrit de leur voisin(e) à partir des informations recueillies dans l'activité 3 et raconter quel type de vacancier il/elle est.
Production libre.

❺ Devinettes.
▶ Ramasser tous les portraits et les redistribuer dans la classe.
Faire lire les portraits écrits par d'autres apprenants.
Demander à la classe de deviner de qui il s'agit.

BILAN 7

❶ Le contraire.
Corrigé
1 la campagne.
2 contre.
3 un inconvénient.
4 les vacances.
5 s'ennuyer.

❷ Interview.
Corrigé
– *Est-ce que vous faites du sport toutes les semaines ?*
– Oui, j'en fais toutes les semaines/Non, je n'en fais plus.
– *Quels sports préférez-vous, en général ?*
– En général, je préfère faire du volley-ball mais je n'en fais plus parce que j'ai trop de travail.
– *Est-ce que vous sortez souvent au restaurant ou dans les bars ?*
– Non, je ne sors plus beaucoup dans les restaurants ou les bars.
– *Et pourquoi est-ce que vous n'allez plus dans les bars, le soir ?*
– Je ne sors plus beaucoup dans les bars parce que je n'aime pas ça.
– *Vous préférez aller au cinéma ou regarder la télévision ?*
– Je préfère aller au cinéma parce que c'est plus intéressant.
– *Et enfin, est-ce que vous lisez des livres, des journaux, des magazines ?*
– Non, je n'en lis plus./Oui, j'en lis beaucoup.

❸ Du tout au tout.
Corrigé
1b, 2a, 3b, 4a, 5b, 6b.

❹ Le mot de la fin.
Corrigé
1d, 2b, 3a, 4c.

❺ Week-end en Bretagne.
Corrigé
nous sommes levées – nous sommes promenées – sommes allées – s'est baignée – sommes allées – nous sommes couchées – s'est reposée – me suis promenée.

❻ Les bons conseils.
Corrigé
1e, 2a, 3d, 4b, 5c.

Unité 8 : Tout le monde en a parlé !

LEÇON 29 — Souvenirs, souvenirs
p. 84-85

- **Contenu socioculturel** — Les rapports socioculturels

- **Objectifs communicatifs** — Rapporter un événement récent
  - Rapporter des états passés
  - Rapporter des habitudes passées

- **Objectifs linguistiques** — Le passé récent : *venir de* + infinitif
  - La formation de l'imparfait

- **Phonétique** — L'opposition consonnes sourdes et sonores

- **Savoir-faire** — Parler de ses souvenirs d'enfance

VOCABULAIRE

un article – célèbre – comme – demander – une enfance – une grand-mère – un grand-père – une interview – un jouet – nouveau – des parents – passer des heures – une poupée – remercier – se souvenir – triste

Découvrez

❶ Interview. 🎧

1 ▶ Faire lire le titre de la leçon, le titre et le chapeau (lignes d'introduction avant le texte) de l'article.
Demander aux apprenants de cacher le reste de l'article.
Leur demander de répondre aux questions.

Corrigé

a Léna Aréna est interviewée par *Actuelles* parce que le magazine interviewe chaque semaine une femme célèbre.
b Elle vient de sortir un nouveau CD. Il s'appelle *Rouge*.
c Elle est chanteuse.
d Le thème de l'article, c'est l'enfance d'une femme célèbre, ici Léna Aréna.

• 107

2 ▶ Faire lire les phrases a à f.
Faire écouter l'enregistrement (interview de la chanteuse).
Demander aux apprenants d'écrire, au fur et à mesure de l'interview, si ces phrases sont vraies ou fausses.

> **Corrigé**
> a Faux. *(Je voulais être danseuse, comme elle [sa sœur] ... ou actrice.)*
> b Vrai. *(J'étais très calme...)*
> c Faux. *(Je passais des heures dans ma chambre : je lisais...)*
> d Faux. *(J'habitais à Paris [...] avec mes parents.)*
> e Vrai. *(Tous les étés, j'allais chez ma grand-mère... en Bretagne.)*
> f Vrai. *(Quand j'étais triste, [...] je lui parlais.)*

▶ Demander ensuite aux apprenants de lire la partie *La formation de l'imparfait* dans la rubrique *Grammaire*, p. 84.

Entraînez-vous

❷ Qu'est-ce qu'ils viennent de faire ?

▶ Avant de commencer l'activité, demander aux apprenants de lire la partie *Le passé récent : venir de + infinitif* dans la rubrique *Grammaire*. Faire lire l'exemple.
Dans cette activité, on ne travaille que le passé récent utilisé par rapport à un moment présent.

> **Corrigé**
> Réponses possibles :
> 1 il vient de partir pour l'aéroport.
> 2 on vient d'en acheter un beaucoup plus grand.
> 3 mon train vient d'arriver.
> 4 ils viennent d'en boire un grand verre.
> 5 – On vient/Je viens de faire un exercice de français.

❸ Souvenirs d'enfance.

▶ Demander aux apprenants de relire la partie *La formation de l'imparfait* dans la rubrique *Grammaire*. Faire lire la consigne de l'activité.

> **Corrigé**
> Quand j'**étais** petit, nous **habitions** au Japon avec mes parents. J'**allais** dans une école française, à Tokyo. Mon père **travaillait** à l'Institut de langues, il **était** professeur de français. Tous les étés, avec ma sœur, nous **allions** chez mon grand-père et ma grand-mère en France. Ils **avaient** une maison à la campagne, à côté de Dijon. Avec ma sœur, nous **aimions** beaucoup cette maison.

❹ Pourquoi ?

▶ Faire travailler les apprenants par groupes de deux.
Leur demander d'associer les questions numérotées de 1 à 5 aux réponses numérotées de a à e.
Dans cette activité, on travaille le passé récent utilisé par rapport à un moment passé.

> **Corrigé**
> 1d, 2b, 3e, 4a, 5c.

Communiquez

❺ Micro-trottoir.

▶ Avant l'écoute, demander aux apprenants de lire les questions et de prendre des notes en écoutant l'enregistrement.
Faire écouter les quatre témoignages.

> **Corrigé**
> • La personne 1 voulait être boulanger parce que son père était boulanger.
> • La personne 2 voulait être professeur d'espagnol parce que, dans sa classe, il y avait une Espagnole très belle.
> • La personne 3 voulait travailler dans une gare parce qu'elle aimait beaucoup les trains.
> • La personne 4 voulait être actrice parce qu'elle aimait bien aller au cinéma avec son père.

❻ À vous !

▶ Faire travailler les apprenants par groupes de deux.
Leur faire consulter les parties *Rapporter des états passés* et *Rapporter des habitudes passées* dans la rubrique *Façons de dire*, p. 85.
Faire lire la consigne de l'activité et les questions.
Laisser les apprenants réfléchir à ce qu'ils vont raconter.

> Ce que vous dites pour...
> • rapporter des habitudes passées
> – *Quand j'étais petit(e) je faisais toujours des crêpes avec ma mère pour mardi gras.*
> – *Tous les matins, j'allais à l'école en vélo.*
> • rapporter des états passés
> – *Je n'étais pas un enfant calme, et j'aimais bien faire du vélo, j'allais très vite.*
> – *J'habitais dans une maison en ville.*
> – *Je voulais être sculpteur parce que j'adorais l'art.*

▶ Passer au récit : les apprenants répondent aux questions, écoutent le récit de leur voisin.

Prononcez

❼ Opposer consonnes sourdes et sonores. 👓

OBJECTIF : faire travailler la discrimination et la prononciation des paires minimales suivantes : [t]/[d], [p]/[b], [k]/[g].

▶ Avant d'écouter l'enregistrement, prononcer les trois paires minimales.
Proposer des exemples simples :
tu/du [ty] [dy]
port/bord [pɔʀ] [bɔʀ]
cou/goût [ku] [gu]
Puis proposer des exemples plus complexes :
traquer/draguer [tʀake] [dʀage]
portait/bordait [pɔʀtɛ] [bɔʀdɛ]
cadeau/gâteau [kado] [gato]

▶ Passer à l'activité.
Faire écouter le premier énoncé et le faire répéter.
Procéder de la même manière pour les quatre autres énoncés.

▶ Demander aux apprenants de consulter la transcription des énoncés, p. 113.
Les faire lire à haute voix.

(Si la question est posée, expliquer que les consonnes sourdes ([p], [t], [k]) ne font pas vibrer les cordes vocales alors que les consonnes sonores ([b], [d], [g]) le font. Ces six consonnes sont appelées occlusives car l'air qui les produit rencontre un obstacle total (la bouche fermée) qui, lorsqu'il se libère, produit une petite explosion, un bruit.)

LEÇON 30

Fait divers p. 86-87

- **Contenu socioculturel** — Les rapports socioculturels

- **Objectifs communicatifs** — Rapporter des événements passés
  — Décrire les circonstances de l'action
  — Rapporter des états d'esprit passés

- **Objectifs linguistiques** — Le passé composé, l'imparfait et leur emploi
  — Contraster les emplois du passé composé et de l'imparfait

- **Phonétique** — L'opposition des consonnes [f] et [v]
  — L'opposition des sons [ʃ] et [ʒ]

- **Savoir-faire** — Parler d'un fait divers

VOCABULAIRE

un accident – une autoroute – un blessé – un camion – une circonstance – en plus – un fait – glissant – heurter – un(e) journaliste – se passer – pleuvoir – une radio – un reportage – rouler – une route – suivre – un témoignage – terrible – terrifié – vite

Découvrez

❶ Qu'est-ce qui s'est passé ?

1 ▶ Texte caché, faire écouter le reportage radio (une ou deux fois).
Demander aux apprenants de répondre aux questions de l'exercice.

> **Corrigé**
> a L'accident s'est passé sur l'autoroute A9, à côté de Nîmes.
> b Il y a eu onze blessés.
> c Le camion s'est couché sur la route.
> d Les voitures ont voulu s'arrêter.
> e Les voitures ont heurté le camion.

2 ▶ Faire écouter le reportage une nouvelle fois. Demander aux apprenants de répondre aux questions de l'exercice.

> **Corrigé**
> a Les voitures n'ont pas pu s'arrêter parce qu'elles roulaient trop vite et parce que la route était glissante.
> b Mme Besson a vu l'accident parce qu'elle traversait le pont au-dessus de l'autoroute.

▶ Faire lire le texte du reportage radio, p. 86-87.

❷ Passé composé ou imparfait ?

▶ Demander aux apprenants de dire le temps qu'ils ont utilisé pour répondre aux questions de l'activité 1.1. pour décrire les faits et 1.2. pour décrire les circonstances.

> **Corrigé**
> 1 Pour décrire les faits, on utilise le **passé composé.**
> 2 Pour décrire les circonstances, on utilise **l'imparfait.**

110

▶ Faire lire la rubrique Grammaire, p. 86 : *Le passé composé*, *L'imparfait* et *Contraster les emplois du passé composé et de l'imparfait*.

Entraînez-vous

❸ Mais pourquoi ?
▶ Demander aux apprenants d'associer les phrases numérotées de 1 à 5 avec les phrases numérotées de a à e.

> **Corrigé**
> 1c La voiture n'a pas pu s'arrêter ; la route était glissante.
> 2b Il n'a pas pris son chien avec lui ; c'était interdit dans l'hôtel.
> 3e Ils n'ont pas pu entrer dans la salle ; ils n'avaient pas leurs billets.
> 4a Elle a acheté un appartement ; l'autre était trop petit.
> 5d J'ai retrouvé son sac ; il était chez moi.

❹ Avant…
▶ Faire lire l'exemple.
Demander aux apprenants d'imaginer quatre phrases sur ce modèle.

> **Corrigé**
> Réponses possibles :
> 1 Avant, j'habitais en ville. Et un jour, j'ai acheté une maison à la campagne.
> 2 Avant, je courais tous les matins. Et un jour, j'ai arrêté parce que j'avais trop de travail.
> 3 Avant, je faisais les courses au marché. Et un jour, il y a eu un supermarché.
> 4 Avant, je travaillais le dimanche. Et un jour, j'ai arrêté.

Communiquez

❺ Pas tous d'accord ! 🎧
▶ Faire lire la consigne.
Faire écouter les trois témoignages.
Faire observer le dessin.
Demander aux apprenants d'identifier le témoignage correct.

> **Corrigé**
> Seul le deuxième témoignage est correct.

(On pourra, si nécessaire, faire écouter l'enregistrement une deuxième fois quand les apprenants observent le dessin.)

❻ Au voleur !
▶ Faire travailler les apprenants par groupes de deux.
Faire lire la consigne du jeu de rôles.
Faire observer la rubrique *Façons de dire*, p. 87 : *Rapporter des événements passés*, *Décrire les circonstances de l'action*, *Rapporter des états d'esprit passés*.
L'un des apprenants, la victime, raconte ce qu'il lui est arrivé, l'autre lui pose des questions.
Laisser les apprenants préparer le jeu de rôles et réfléchir aux expressions, aux temps, au vocabulaire à utiliser.

Ce que vous dites pour…	Ce que l'autre personne dit pour…
• rapporter des événements passés – *On m'a volé ma voiture !* • décrire les circonstances de l'action – *Quand le voleur est arrivé, je venais de sortir pour dire au revoir aux enfants. Je ne l'ai pas vu arriver. Les clés étaient dans la voiture, l'homme est parti tout de suite.* • rapporter des états d'esprit passés – *J'étais triste parce que mon sac et mon téléphone portable étaient dans la voiture. J'étais aussi terrifié(e) : je n'ai pas vu l'homme arriver.*	• demander des informations – *Qu'est-ce qui vous arrive ?* – *Qu'est-ce qui s'est passé exactement ?* • exprimer une opinion – *Je n'aime pas ça du tout !* • exprimer l'obligation – *Il faut téléphoner à la police.*

▶ Faire jouer la scène en s'inspirant du témoignage de Mme Besson dans le dialogue de la leçon.

Prononcez

❼ Les oppositions [f] et [v], [ʃ] et [ʒ].
OBJECTIF : discriminer et prononcer les consonnes [f] et [v], [ʃ] et [ʒ].

1 ▶ Présenter les phonèmes [f] et [v] à la classe.
Expliquer que les deux phonèmes sont des consonnes sifflantes (l'air passe difficilement entre les lèvres resserrées). Dans le cas de [f], la pointe de la langue est collée contre les dents supérieures ; dans le cas de [v], la pointe de la langue bute contre le haut des dents inférieures.

▶ Passer à l'exercice.
Faire écouter la première série de deux phrases.
Demander aux apprenants s'ils entendent les sons [f] ou [v].
Procéder de la même manière pour les quatre autres énoncés.
Faire prononcer les phrases.

> **Corrigé**
> Dans les quatre premières séries, les deux phonèmes sont présents à chaque fois.
> **a** [f] C'est faux. [v] Ça ne vaut rien.
> **b** [f] C'est à faire. [v] C'est à voir.
> **c** [f] Ils sont neufs. [v] Elles sont neuves.
> **d** [f] C'est un sportif. [v] C'est une sportive.
> **e** [v] Il voit une boîte. [v] Il boit un verre.

2 ▶ Prononcer et faire prononcer les phonèmes [ʃ] et [ʒ]. (Ils ont déjà été étudiés dans la leçon 21, activité 7.)

▶ Passer à l'exercice.
Faire écouter la première phrase.
Demander aux apprenants s'ils entendent les sons [ʃ] ou [ʒ].
Procéder de la même manière pour les quatre autres énoncés.
Faire prononcer les phrases.

> **Corrigé**
> **a** Il a fait une chute. ([ʃ] chute)
> **b** Elle a acheté une jupe. ([ʃ] acheté, [ʒ] jupe)
> **c** Je peux jouer ? ([ʃ] je peux, [ʒ] jouer)
> **d** Je t'attends chez moi. ([ʒ] je, [ʃ] chez)
> **e** Je n(e) l'achète pas cher. ([ʒ] je, [ʃ] achète, [ʃ] cher)

LEÇON 31

Ma première histoire d'amour

p. 88-89

- **Contenu socioculturel** — Les rapports socioculturels
- **Objectifs communicatifs** — Situer des événements dans le temps
  — Exprimer le but
- **Objectifs linguistiques** — La date
  — Le but : *pour* + infinitif
  — Les participes passés
- **Phonétique** — L'opposition [i], [y] et [u]
- **Savoir-faire** — Raconter une première expérience

VOCABULAIRE

à partir de – un amour – amoureux/amoureuse – apprendre – un casting – de… à – une histoire – une jupe – jusqu'en – neuve – se rencontrer

Découvrez

❶ Je me souviens…

1 ▶ Demander aux apprenants de cacher la partie « rétroviseur » (introduction et témoignages) de la leçon.
Faire écouter l'introduction du reportage une fois.
Faire lire les questions de l'exercice et demander aux apprenants d'y répondre.

> **Corrigé**
> a C'est le 14 février.
> b On parle de la Saint-Valentin.
> c La question du journaliste est : *Est-ce que vous vous souvenez de votre première histoire d'amour ?*

2 ▶ Faire écouter l'enregistrement en entier. Faire compléter le tableau.

> **Corrigé**
>
> | | C'était en quelle année ? | Où s'est passée la rencontre ? | Ils avaient quel âge ? |
> |---|---|---|---|
> | 1 | – | en Irlande | 15 ans |
> | 2 | en 1980 | dans le train (Paris-Bordeaux) | lui 20 ans, elle 22 ans |
> | 3 | de 1992 à 1994 | à l'école | 8 ans |
> | 4 | en 1975 | en vacances à la mer | 16 ans |

• 113

❷ C'était quand ? 🔊

▶ Faire écouter le reportage une nouvelle fois. Faire compléter les phrases.

> **Corrigé**
> 1 C'est **le** 14 février.
> 2 C'était **en** 1980.
> 3 Notre premier bébé est né cinq ans **plus tard**.
> 4 J'ai été amoureuse de lui **de** 92 **à** 94.
> 5 Eh oui, **jusqu'en** 94 !
> 6 **À partir de** seize ans, je suis parti avec des copains, à la mer.

Demander aux apprenants de consulter les parties *La date* et *Les participes passés* dans la rubrique *Grammaire*, p. 88.

(C'est le bon moment pour apprendre (ou réviser) les mois de l'année : *janvier, février, mars, avril, mai, juin, juillet, août, septembre, octobre, novembre, décembre*.)

Entraînez-vous

❸ La vie amoureuse de Rodin.

▶ Faire lire la consigne.
Demander aux apprenants d'écrire un texte résumant la vie amoureuse d'Auguste Rodin en partant des dates et des indications données. Faire utiliser les mots *le, en, de... à, jusqu'en, à partir de, ... plus tard* pour situer des événements dans le temps.
On fera écrire le texte au passé composé.

> **Corrigé**
> Auguste Rodin est né **le** 12 novembre 1840 à Paris. Il a rencontré Rose Beuret **en** 1864. Ils ont vécu ensemble **de** 1864 **à** 1917. Ils ont eu un enfant **en** 1866. Rodin a rencontré Camille Claudel **plus tard, en** 1883. **À partir de** cette année, et **jusqu'en** 1898, ils ont eu une histoire d'amour.

> **Infos**
> AUGUSTE RODIN (Paris, 1840-Meudon, 1917) : sculpteur français. Son œuvre, qui domine la sculpture européenne de la fin du XIXe siècle et du début du XXe siècle, représente à la fois l'aboutissement du romantisme et la naissance de l'art moderne. Avec une technique extraordinaire du modelage, il a rendu le mouvement et la force expressive de l'attitude : *Le Baiser* (1886), *Les Bourgeois de Calais* (1889), *Balzac* (1897), *Le Penseur* (1904).

❹ C'est évident !

▶ Faire lire la partie *Le but : pour + infinitif* dans la rubrique *Grammaire*.
Demander aux apprenants d'imaginer la réponse à chacune des questions de l'activité. Faire utiliser *pour* + infinitif.

> **Corrigé**
> Réponses possibles :
> 1 Elle est partie en Afrique pour faire du camping.
> 2 J'ai téléphoné pour réserver une chambre d'hôtel.
> 3 Je viens à vélo pour me détendre.
> 4 Il va dans une école de langues pour apprendre le français.
> 5 Je vais au supermarché pour faire les courses.

Communiquez

❺ Le casting. 🔊

▶ Faire lire la consigne.
Faire écouter l'enregistrement une première fois. Demander aux apprenants de relever toutes les dates.
Faire écouter l'enregistrement une deuxième fois. Demander aux apprenants de dire à quoi correspondent les dates.

> **Corrigé**
> • 16 janvier 1980 : Juliette Henry naît.
> • De 1996 à 1998 : elle fait du théâtre à Bordeaux.
> • À partir de 1998 et jusqu'en 2000 : elle prend des cours de théâtre, à Paris.
> • Un an plus tard (en 2001) : elle joue dans *Astérix et Obélix*, au cinéma.
> (On pourra, à l'occasion de cette activité, introduire le mot *naissance*.
> Exemple : 16 janvier 1980, naissance de Juliette Henry.)

❻ La première fois…

▶ Faire travailler les apprenants par groupes de deux.
Leur faire consulter la rubrique *Façons de dire* p. 89 : *Situer des événements dans le temps* et *Exprimer le but*.
Faire lire les quatre thèmes de l'activité.
Faire réfléchir les apprenants à leurs réponses et aux expressions à utiliser.

Ce que vous dites pour…	Ce que l'autre personne dit pour…
• situer des événements dans le temps – *J'ai rencontré mon ami(e) l'année dernière.* – *Mon grand-père et ma grand-mère m'ont offert mon premier billet d'avion.* • exprimer le but – *J'étudiais dans un institut de langues pour apprendre le français.* – *Je suis parti avec mes amis pour faire du camping au bord de la mer.*	• s'informer sur une date – *Tu as rencontré cette personne en quelle année ?* • s'informer sur une durée – *Combien d'années est-ce que vous avez vécu ensemble ?* • s'informer sur un lieu – *C'était dans quel pays ? C'était où ?*

Production libre.

Prononcez

❼ Opposer [i], [y] et [u].

OBJECTIF : discriminer et prononcer les trois phonèmes [i], [y] et [u].

▶ Livre fermé, faire écouter le premier énoncé. Demander aux apprenants de le répéter.
Bien insister sur la distinction des trois sons de l'exercice.
Rappeler aux apprenants de faire les liaisons et les enchaînements.
Procéder de la même manière pour les quatre autres énoncés.

Livre ouvert, faire écouter tous les énoncés une nouvelle fois.
Demander aux apprenants de les lire.

Corrigé
1 Il est venu chez vous ? [ilɛv(ə)nyʃevu]
2 Elle a mis une jupe rouge. [ɛlamiynʒypʀuʒ]
3 Vous avez lu le livre ? [vuzavelylərlivʀ]
4 Elle est partie sur la route. [ɛlɛpaʀtisyʀlaʀut]
5 Elle a mis une blouse neuve.
   [ɛlamiynbluznœv]

• 115

LEÇON 32

La 2 CV... et autres symboles ! p. 90-91

- **Contenu socioculturel** — Les symboles de la France
- **Objectif communicatif** — Situer des événements dans le temps
- **Savoir-faire** — Identifier les symboles de la France

VOCABULAIRE

une baguette – une construction – un coq – un croissant – exister – fabriquer – une guerre – la haute couture – un monde – un pays – une roue – un symbole

Découvrez

❶ De quoi ça parle ?
▶ Demander aux apprenants de cacher le texte de la leçon.
Faire observer la photo en haut de la page 90.
Faire lire le titre et le chapeau de l'article.
Demander aux apprenants de dire quel est le sujet de l'article.

> **Corrigé**
> Le sujet de l'article, c'est une voiture : la 2 CV (aussi appelée *deudeuche*).

❷ Repérages.
▶ Faire lire l'article.
1 ▶ Faire relever tous les noms donnés à la 2CV.

> **Corrigé**
> Quatre roues sous un parapluie – la toute petite voiture (TPV) – la 2 CV (la deux chevaux) – la nouvelle Citroën – la deudeuche – la petite Citroën préférée des Français.

2 ▶ Faire relever toutes les indications de temps.

> **Corrigé**
> d'abord – et puis – plus tard – aujourd'hui – en 1935 – alors – quatre ans plus tard – le 3 septembre 1939 – le 4 septembre – finalement – le 7 octobre 1948 – à partir de là – jusqu'en 1990 – le 27 juillet 1990 – aujourd'hui – tous les ans.

❸ En résumé.
▶ Faire lire l'article une nouvelle fois.
Demander aux apprenants de compléter le tableau présenté dans le livre.

> **Corrigé**
> 1 En 1935, Pierre Boulanger a demandé de fabriquer une petite voiture pas chère.
> 2 Quatre ans plus tard, le 3 septembre 1939, la première 2CV est née.
> 3 Le 4 septembre, c'était la guerre et, chez Citroën, on a tout arrêté.
> 4 Le 7 octobre 1948, on a présenté la nouvelle Citroën aux Français.
> 5 Le 27 juillet 1990, on a arrêté de fabriquer la petite Citroën préférée des Français.
> 6 Tous les ans, les amis de la « deudeuche » se rencontrent en France, en Finlande, en Hollande mais aussi dans d'autres pays du monde.

116 •

Communiquez

❹ Les symboles de la France.

1 ▶ Faire observer les photos de la page 91. Demander aux apprenants d'associer chaque photo à l'un des mots de l'exercice.

| Corrigé
| a1, b6, c7, d9, e10, f8, g5, h11, i2, j3, k4.

2 ▶ Faire travailler les apprenants par groupes de deux.
Leur demander de choisir les trois éléments qui symbolisent le mieux la France pour eux.
Faire comparer le choix de tous les groupes.
Faire le palmarès des symboles les plus populaires dans la classe.
Production libre.

❺ Moi, la tour Eiffel.

▶ Faire lire la consigne de l'activité.
À la manière de *Quatre roues sous un parapluie*, les apprenants doivent écrire un petit article présentant la tour Eiffel.

| Corrigé
| La tour Eiffel est née le 31 mars 1889. Son père est Gustave Eiffel. Sa construction a coûté 1 200 000 euros. Elle a trois étages, est grande, brune et très célèbre. On l'utilise pour la radio et la télévision.

Pour aller plus loin

▶ Demander aux apprenants de faire des recherches sur Internet ou en bibliothèque pour trouver plus d'informations sur la tour Eiffel. Tous les éléments trouvés (nombre de mois de construction, nombre de touristes chaque année, etc.) seront alors ajoutés à l'article sur la Tour.

Infos
En novembre 2002, la tour Eiffel a fêté son 20 millionième visiteur.

BILAN 8

❶ Mots croisés.
Corrigé
1 circonstances.
2 blessés.
3 article.
4 souvenirs.
5 accident.
6 reportage.

❷ C'est juste fait !
Corrigé
1 Ils étaient au cinéma mais **ils viennent de rentrer.**
2 J'avais beaucoup de travail **mais je viens de finir.**
3 Elle était là ce matin mais **elle vient de partir.**
4 Nous avions une voiture mais (nous n'en avons plus parce que) **nous venons d'avoir un accident.**
5 Je n'avais pas de nouvelles d'elle mais **elle vient de me téléphoner.**

❸ Souvenirs d'école.
Corrigé
J'allais tous les matins à la piscine : **je faisais** deux heures de natation par jour. Ensuite, avec les autres étudiants, **nous faisions** un footing et **nous allions** une heure dans une salle de musculation. L'après-midi, **j'avais** quatre heures de cours. Le soir, **je regardais** la télé, **je lisais** un peu et **je me couchais** toujours tôt.

❹ Passé composé ou imparfait ?
Corrigé
1 Hier soir ? Non, je **ne suis pas allé(e)** au cinéma avec elles. J'**avais** trop de travail.
2 Oui, oui, ils **sont restés** à la maison parce qu'il **pleuvait.**
3 Nous **faisions** un footing toutes les semaines et, un jour, nous **avons arrêté.**
4 Les voitures **roulaient** trop vite et il y **a eu** un accident.
5 Quand tu **as téléphoné**, j'**étais** sous la douche.
6 Nous **sommes rentrés** très tôt ce matin et vous **dormiez.**

❺ Méli-mélo.
Corrigé
1 J'ai travaillé dans cette entreprise de 1995 à 1999.
2 L'accident s'est passé à Lyon le 27 octobre 2002.
3 Son mari et elle ont habité en Italie jusqu'en 1997.
4 Il a pris des cours de théâtre à partir de 1988.
5 J'ai rencontré Eva en 1980 et notre fille est née deux ans plus tard.

Unité 9 : On verra bien !

LEÇON 33

Beau fixe

p. 94-95

- **Contenus socioculturels** — L'avenir
  — Les projets

- **Objectifs communicatifs** — Exprimer une prévision
  — Exprimer une probabilité
  — Exprimer une certitude

- **Objectif linguistique** — Le futur simple

- **Phonétique** — Les consonnes doubles

- **Savoir-faire** — Parler du temps qu'il fera

VOCABULAIRE

allumer – briller – un bulletin météo – certainement – une chance – un degré – demain – une erreur – être certain – être sûr – faire beau temps – s'inquiéter – la météo – un nuage – un parapluie – la pluie – une température – le temps

Découvrez

❶ Quel temps fera-t-il ?

▶ Avant de faire écouter l'enregistrement, faire cacher le texte du dialogue et faire réviser les points cardinaux : *le nord, le sud, l'est, l'ouest*. Faire écouter le dialogue (une ou deux fois) et faire observer les deux cartes de France. Demander aux apprenants de dire quelle carte correspond aux prévisions météorologiques annoncées à la radio.

Corrigé
La carte correspondant au temps décrit à la radio est la carte du haut (la seule différence entre les deux cartes concerne la région de Strasbourg : il pleuvra toute la journée.

❷ Repérages.
1 ▶ Faire repérer sur la carte de France p. 106 les villes suivantes : Lille, Brest et Marseille. Faire écouter le dialogue une nouvelle fois. Demander aux apprenants de dire le temps qu'il fera demain dans ces villes.

• 119

> **Corrigé**
> a Il pleuvra toute la journée à Lille et il fera 15 degrés.
> b À Brest, vous aurez/il y aura du soleil le matin mais l'après-midi il y aura des nuages et peut-être un peu de pluie. Il fera 20 degrés.
> c À Marseille, le soleil brillera certainement toute la journée et il fera 23 degrés.

2 ▶ Faire lire le dialogue.
Demander aux apprenants de relever les verbes utilisés pour faire des prévisions météorologiques. Leur demander de dire à quel temps ces verbes sont conjugués.

> **Corrigé**
> • Il pleuvra – vous aurez du soleil – des nuages arriveront – vous aurez […] un peu de pluie – le soleil brillera – il fera 15 degrés – il ne pleuvra pas – il fera beau.
> • Tous ces verbes sont conjugués au futur : le locuteur fait des projections dans l'avenir.

▶ Demander ensuite aux apprenants de lire la partie *Le futur simple* dans la rubrique *Grammaire*, p. 94.

(Pour la formation du futur simple, on peut faire remarquer que les terminaisons sont proches de celles du verbe *avoir* au présent : *-ai, -as, -a, -ons, -ez*, sauf pour la troisième personne du pluriel : *-ont*.
On fera aussi remarquer que, pour la plupart des verbes, il suffit de rajouter ces terminaisons à la forme infinitive du verbe pour obtenir un verbe au futur simple. Pour les exceptions, voir la partie *Formes irrégulières*.)

Entraînez-vous

❸ Est-ce qu'ils le feront ?
▶ Demander aux apprenants de conjuguer les verbes entre parenthèses au futur simple.

> **Corrigé**
> 1 aurez.
> 2 arriveront.
> 3 fera.
> 4 seras.
> 5 finirons.

❹ Tu crois ?
Faire lire les parties *Exprimer une probabilité* et *Exprimer une certitude* dans la rubrique *Façons de dire*, p. 95.

Demander aux apprenants de répondre aux cinq questions de l'activité par une probabilité ou une certitude.

> **Corrigé**
> Réponses possibles :
> 1 Je suis sûr(e) qu'ils viendront.
> 2 Je suis certain(e) que tu pourras faire ce travail.
> 3 Elle dira certainement oui.
> 4 Vous aurez peut-être le temps.
> 5 Je crois que nous y serons à 14 heures.

Communiquez

❺ Vous êtes sûr ?
▶ Avant l'écoute, faire lire la consigne et expliquer que *peu probable* signifie : *Il y a peu de chance que cela se produise.*
Faire écouter les six énoncés.
Faire dessiner un tableau à trois colonnes : *peu probable, probable, certain*.
Faire compléter le tableau au fur et à mesure en cochant la colonne adéquate.

> **Corrigé**
> 1 Peu probable.
> 2 Probable.
> 3 Certain.
> 4 Probable.
> 5 Peu probable.
> 6 Certain.

❻ Bulletin météo.
▶ Préparation au jeu de rôles.
Faire travailler les apprenants par groupes de deux.
Leur faire consulter la rubrique *Façons de dire* : *Exprimer une prévision*, *Exprimer une probabilité* et *Exprimer une certitude*.
Faire lire la consigne de l'activité.
Faire dessiner une carte du pays de l'apprenant.
Faire chercher les prévisions météorologiques du lendemain dans un journal, à la télévision ou sur Internet.
Laisser du temps aux apprenants pour préparer leur météo qu'ils présenteront à la classe (le travail de préparation peut se faire hors de la classe, en bibliothèque ou à la maison).
Lors de la présentation, les apprenants doivent réutiliser le vocabulaire étudié dans la leçon, le futur simple, ainsi que les expressions de prévision, de probabilité et de certitude.
Production libre.

Prononcez

❼ Les consonnes doubles.

OBJECTIF : faire comprendre l'utilisation des consonnes doubles dans le rapport graphie-phonie.

▶ Livre fermé, faire écouter le premier énoncé et le faire répéter.
Procéder de la même manière pour les quatre autres énoncés.
Ensuite, demander aux apprenants de consulter la transcription des énoncés, p. 95.
Faire lire à haute voix.

▶ Demander aux apprenants d'expliquer ou leur expliquer, en français ou dans leur langue, le rôle des doubles consonnes.

1 *Apprennent* : les deux *n* servent à dénasaliser le [ɑ̃]. On dit *apprendre* [apʀɑ̃dʀ] mais *apprennent* [apʀɛn].

2 *Appareil* : le premier *p* sert à faire anticiper le son [p] (on entend déjà le son [p] avant la syllabe [pa]).
Remarque sur le rôle des doubles consonnes écrites : si une lettre (e) les précède, elle se prononce [e].

3 *Bulletin* : on n'entend pas [by/lə/tɛ̃] mais [byltɛ̃].

4 *Erreurs* : le double *r* indique ici que la première lettre se prononce [e] et non pas [ə].

5 *Classez* : le double *s* indique le son [s]. S'il n'y avait qu'un seul *s*, on entendrait [klaze].
Colonnes : voir *apprennent* (item 1).

• 121

LEÇON 34

Projets d'avenir
p. 96-97

- **Contenus socioculturels** — L'avenir
  — Les projets

- **Objectifs communicatifs** — Faire des projets, exprimer une intention
  — Situer dans le temps

- **Objectifs linguistiques** — L'expression du futur : présent, futur proche, futur simple
  — Des indications de temps au futur

- **Phonétique** — Consonne + [R]

- **Savoir-faire** — Évoquer des projets

VOCABULAIRE

un avenir – le bac(calauréat) – s'embrasser – essayer – facile – des félicitations – longtemps – un projet – tout de suite

Découvrez

❶ Qu'est-ce qu'elles vont faire ?

▶ Livre fermé, faire écouter le dialogue une première fois.
Demander à la classe de relever les nouveaux mots contenus dans le dialogue.
Faire écouter le dialogue une deuxième fois.
Demander aux apprenants de relever les différents projets d'Aude et de Léa.

> **Corrigé**
> - Projets d'Aude : se reposer (elle part deux semaines au Sénégal) ; trouver un travail (peut-être à Strasbourg où son frère ouvre un restaurant dans un ou deux mois).
> - Projets de Léa : travailler (elle va vendre des glaces tout l'été) ; faire des études (elle entre à la fac en octobre).
> - Projet commun : essayer de se voir en septembre.

❷ Repérages.

▶ Faire lire le dialogue.
1 ▶ Faire travailler les apprenants par groupes de deux.

Demander aux apprenants de relever les différents temps utilisés pour exprimer le futur (notion de projet dans un avenir plus ou moins proche).

> **Corrigé**
> - Le présent : je pars demain – mon frère ouvre un resto dans un ou deux mois – je commence à travailler la semaine prochaine – en octobre, j'entre à la fac – on s'appelle, alors !
> - Le futur simple : il fera beau – j'essaierai de trouver un travail – on verra – on pourra peut-être se voir en septembre ? – je serai à la maison.
> - *Aller* + infinitif : qu'est-ce que tu vas faire ? – je vais d'abord me reposer – je vais vendre des glaces tout l'été.

▶ Faire ensuite lire la partie *L'expression du futur* dans la rubrique *Grammaire*, p. 96.

2 ▶ Faire repérer les indications de temps.

> **Corrigé**
> d'abord – demain – deux semaines – après – dans un ou deux mois – (pas) tout de suite – la semaine prochaine – tout l'été – en octobre – en septembre – bientôt.

122

▶ Faire lire la partie *Les indications de temps au futur* dans la rubrique *Grammaire*.

Entraînez-vous

❸ C'est pour quand ?
▶ Demander aux apprenants de compléter les phrases.

| Corrigé
| 1 ce soir.
| 2 dans une semaine.
| 3 bientôt.
| 4 l'année prochaine.
| 5 tout de suite.

❹ Qu'est-ce qu'ils ont l'intention de faire ?
▶ Faire travailler la succession des actions au futur en utilisant le futur proche (*aller* + infinitif) puis le futur simple.
Demander aux apprenants d'indiquer les actions des différentes personnes à partir des verbes à l'infinitif.
Faire lire l'exemple.

| Corrigé
| 1 Nous allons d'abord dîner au resto et, après, nous irons au cinéma.
| 2 Elle va d'abord se reposer et, après, elle finira son travail.
| 3 Tu vas d'abord aller à la banque et, après, tu passeras à la poste.
| 4 Je vais d'abord lire le journal et, après, je sortirai le chien.

Communiquez

❺ Tu seras là ?
1 ▶ Faire écouter le dialogue une fois.
Faire lire la première question et demander aux apprenants d'y répondre.

| Corrigé
| Pierre et Philippe vont dîner ensemble le mardi 15 septembre, dans un mois.

2 ▶ Faire lire la deuxième question.
Faire écouter le dialogue une deuxième fois.

| Corrigé
| Pierre et Philippe ne peuvent pas se rencontrer avant le 15 septembre parce que Philippe part d'abord quatre ou cinq jours à Paris (pour le travail) et après ça, il part dix jours en Autriche pour les vacances.

❻ À vous !
▶ Faire travailler les apprenants par groupes de deux.
Faire lire la consigne de l'activité.
L'un des apprenants interroge son voisin sur ses projets. L'autre répond et exprime ses intentions.
Faire observer la partie *Façons de dire*, p. 97 : *Faire des projets, Exprimer une intention, Situer dans le temps*.

Ce que vous dites pour...	Ce que l'autre personne dit pour...
• faire des projets, exprimer une intention – *Demain, j'ai rendez-vous chez le dentiste.* – *Ce week-end, je pars à la mer avec des amis.* – *Pour les prochaines vacances, je vais partir au Sénégal avec mes parents.* – *L'année prochaine, j'habiterai en Italie pour étudier l'art à Florence.* • dire l'heure – *Mon rendez-vous est à 17 heures.*	• s'informer sur les projets d'une personne – *Qu'est-ce qui vous arrive ?* – *Qu'est-ce qui s'est passé exactement ?* • s'informer sur l'heure – *À quelle heure est-ce que tu as ton rendez-vous ?* • situer dans le temps – *Et qu'est-ce que tu feras l'année prochaine ?*

▶ Faire jouer la scène en s'inspirant des dialogues de la leçon.
Production libre.

Prononcez

❼ Consonne + [ʀ]. 🎧

OBJECTIF : discriminer et prononcer les consonnes [p]/[b] suivies de [ʀ] puis les consonnes [f]/[v] suivies de [ʀ].

1 ▶ Faire dessiner un tableau à deux colonnes [pʀ], [bʀ].
Faire écouter la première série de huit mots.
Demander aux apprenants de cocher la colonne adéquate.
Repasser ensuite l'enregistrement et faire répéter les apprenants, mot à mot.

| **Corrigé**
| [pʀ]   **b** prendre. **e** prix. **f** préférer. **h** pratique.
| [bʀ]   **a** célèbre. **c** nombre. **d** membre. **g** brun.

(Le but de l'exercice n'est pas d'écrire les mots ni même de les reconnaître, il s'agit juste d'exercer la discrimination de deux sons proches l'un de l'autre.)

2 ▶ Faire dessiner un tableau à deux colonnes [fʀ], [vʀ].
Faire écouter la seconde série de huit mots.
Demander aux apprenants de cocher la colonne adéquate.

| **Corrigé**
| [fʀ]   **b** France. **e** frais. **f** fromage. **h** fragile.
| [vʀ]   **a** vrai. **c** ouvrir. **d** livre. **g** vraiment.

Repasser ensuite l'enregistrement et faire répéter les apprenants, mot à mot.

▶ Une fois les deux exercices terminés, on pourra faire lire les transcriptions des mots p. 113-114 pour continuer le travail de prononciation.

LEÇON 35

Envie de changement
p. 98-99

- **Contenus socioculturels** — L'avenir
  — Les projets

- **Objectifs communicatifs** — Exprimer une condition
  — Faire des projets, exprimer une intention

- **Objectifs linguistiques** — La condition/L'hypothèse : *si* + présent, futur
  — Le moment : *quand* + futur
  — Autres verbes irréguliers au futur

- **Phonétique** — Les voyelles arrondies

- **Savoir-faire** — Évoquer des projets

VOCABULAIRE : avec plaisir – une bouche – un changement – une cheminée – d'abord – dépense – être malade – faire des travaux – installer – malade – mettre – peinture – salon – supprimer

Découvrez

❶ Que vont-ils faire ?

1 ▶ Texte du dialogue caché, faire écouter les deux premières répliques du dialogue.
Faire lire les deux questions de l'exercice et demander aux apprenants d'y répondre.

> **Corrigé**
> a Les deux personnes qui parlent sont un couple. Ils sont peut-être mariés.
> b Le sujet de la discussion : est-ce qu'ils vont acheter l'appartement qu'ils visitent.

2 ▶ Faire écouter l'enregistrement en entier (une ou deux fois).
Faire travailler les apprenants par groupes de deux.
Faire lire les questions de l'exercice.
Demander aux apprenants d'y répondre.

> **Corrigé**
> a En premier, il faudra repeindre les murs des chambres et supprimer le mur entre le salon et le séjour pour avoir une grande pièce.
> b Plus tard, quand ils auront un peu d'argent, ils installeront peut-être une cheminée dans le salon. Dans un an ou deux, ils changeront peut-être la cuisine.

▶ Faire lire la transcription du dialogue et faire jouer la scène.

Entraînez-vous

❷ D'accord, mais quand ?

▶ Demander aux apprenants de consulter la partie *Le moment : quand + futur* dans la rubrique *Grammaire*, p. 98.
Faire lire l'exemple de l'activité.

• 125

Demander aux apprenants d'imaginer, comme dans l'exemple, une réponse possible aux quatre questions de l'activité.
Faire utiliser *quand* + futur.

> **Corrigé**
> Réponses possibles :
> 1 On achètera cette maison quand on aura assez d'argent.
> 2 Tu commenceras à manger quand tout le monde sera à table.
> 3 Je retournerai au cinéma quand j'aurai le temps.
> 4 Vous pourrez prendre ma voiture quand vous arrêterez de rouler trop vite.

❸ Et si… et si…
▶ Faire lire les débuts de phrase numérotés de 1 à 4 et les fins de phrases numérotées de a à d. Demander aux apprenants d'associer les débuts de phrases avec les fins correspondantes.

> **Corrigé**
> 1d, 2a, 3c, 4b.

▶ Demander aux apprenants de consulter la partie *La condition/L'hypothèse : si + présent, futur* dans la rubrique *Grammaire*.

❹ Trouvez des excuses.
▶ Faire lire l'exemple de l'activité.
Sur le modèle de l'exemple, demander aux apprenants d'imaginer des réponses négatives à chacune des questions de l'activité en trouvant des excuses.

> **Corrigé**
> Réponses possibles :
> 1 Non, nous n'irons pas à la fête. Ça va être beaucoup trop bruyant.
> 2 Non, il ne pourra pas téléphoner. Il va être beaucoup trop fatigué.
> 3 Non, on n'ira pas au cinéma. On n'aura pas assez de temps.
> 4 Non, nous n'emmènerons pas les enfants. Ça ne sera pas indispensable.
> 5 Non, nous ne ferons pas de vélo. Nous n'en aurons pas assez.

Communiquez

❺ À quelle condition ?
1 ▶ Avant d'écouter l'enregistrement, demander aux apprenants de noter la question qui est posée au début de chaque dialogue.
Faire écouter le premier dialogue.

Demander aux apprenants de citer la question. Procéder de la même manière pour les deux autres dialogues.

> **Corrigé**
> • Dialogue 1 : Tu veux aller au cinéma, ce soir ?
> • Dialogue 2 : Est-ce que vous partez en vacances cet été ?
> • Dialogue 3 : Alors, vous pourrez venir à notre petite fête ?

2 ▶ Faire écouter l'enregistrement une nouvelle fois.
Demander aux apprenants de répondre aux trois questions de l'exercice.

> **Corrigé**
> a Ils iront au cinéma samedi s'il n'y a pas trop de monde.
> b Ils partiront en vacances cet été si Jacques ne change pas de travail.
> c Ils iront à la fête si le mari de la femme va bien.

❻ La maison de mes rêves.
▶ Faire travailler les apprenants en sous-groupes.
Leur faire consulter la rubrique *Façons de dire*, p. 99 : *Exprimer une condition* et *Faire des projets, exprimer une intention*.
Demander aux apprenants de faire la description de la maison de leurs rêves à leur voisin, en utilisant la condition/l'hypothèse : *si + présent, futur*.
Faire réfléchir les apprenants à leurs réponses et au vocabulaire à utiliser.
Les apprenants pourront s'inspirer de l'exemple et le compléter.
Production libre.

Prononcez

❼ Les voyelles arrondies.
OBJECTIF : travailler la prononciation des voyelles arrondies : [y], [u] [ø], [œ], [o], [ɔ] et [ə].

▶ Demander aux apprenants de lire et de prononcer les phrases 1 à 5.
Faire ensuite écouter l'enregistrement.
Demander aux apprenants de le répéter et de se corriger si nécessaire.
Bien insister sur la prononciation des voyelles de l'exercice.
Rappeler aux apprenants de faire les liaisons et les enchaînements.

Corrigé

1 Tu es heureux ? [tyeøʀø]
2 On peut se retrouver au port à deux heures.
   [ɔ̃pøs(ə)ʀətʀuveopɔʀadøzœʀ]
3 Tout est bon chez eux. [tutebɔ̃ʃezø]
4 Tu es venu au bureau pour me voir ?
   [tuev(ə)nyobyʀopuʀməvwaʀ]
5 Il faut d'abord trouver un jour et une heure
   pour le rendez-vous.
   [ilfodabɔʀtʀuveɛ̃ʒuʀeynœʀpuʀləʀɑ̃devu]

Pour aller plus loin

▶ Écrire les phrases ci-dessous au tableau. Demander aux apprenants de les recopier. Lire les phrases à voix haute et faire souligner les sons [o], [ɔ] et [ø] de trois couleurs différentes.

1 Thomas porte un chapeau bleu.
   [o]   [ɔ]   [o]   [ø]
2 Paul est heureux de boire de l'eau dans son bol.
   [ɔ]   [ø][ø]   [o]   [ɔ]
3 Carole a deux vélos : un bleu et un jaune.
      [ɔ]   [ø] [o]   [ø]   [o]

Ensuite, faire lire les phrases.

▶ Même exercice avec les sons [ø], [œ] et [ə], à souligner de trois couleurs différentes.

1 Ma sœur a peur de toi.
   [œ]   [œ] [ə]
2 Le neveu de ce monsieur n'a pas de cœur.
   [ə] [ə][ø] [ə][ə] [ə] [ø]   [ə] [œ]
3 Le chanteur aux yeux bleus est heureux.
   [ə] [œ]   [ø] [ø]   [ø] [ø]

Ensuite, faire lire les phrases.

▶ Demander aux apprenants de dessiner un tableau à trois colonnes.
Lire les mots suivants : *poule, rouler, musée, nouveau, sucre, légume, vous, tu.*
Demander aux apprenants de cocher la colonne [y] ou [u] selon le son qu'ils entendent.

	[y]	[u]
1 poule		✔
2 rouler		✔
3 musée	✔	
4 nouveau		✔
5 sucre	✔	
6 légume	✔	
7 vous		✔
8 tu	✔	

LEÇON 36

Un jour peut-être... p. 100-101

- **Contenus socioculturels** — L'avenir
  — Les projets

- **Objectif communicatif** — Faire des projets, exprimer une intention

- **Savoir-faire** — Parler de l'avenir

VOCABULAIRE certain – une conséquence – une différence – un document – en moyenne – fantastique – même – une page – probable – une publicité

Découvrez

❶ Qu'est-ce qui se passera si... ?

1 ▶ Faire observer le document.
Demander aux apprenants de répondre à la question.

> **Corrigé**
> Réponse c : le document est une publicité.

2 ▶ Faire lire le document.
Demander aux apprenants de répondre aux trois questions de l'exercice.
(Pour la question a, on acceptera des réponses en langue maternelle.)

> **Corrigé**
> **a** Ce document dit : Les Français doivent continuer à manger du pain.
> **b** En 1900, un Français mangeait 328 kilos de pain par an ; aujourd'hui, il en mange 58 kilos.
> **c** Si nous ne mangeons plus de pain, il n'y aura peut-être plus de boulangers, nos enfants ne pourront alors pas connaître le goût de la baguette. S'il n'y a plus de pain, on ne pourra plus manger de fromage ou boire de vin.

❷ Et quoi encore ?

▶ Faire lire l'exemple.
Demander aux apprenants d'imaginer d'autres conséquences possibles.

> **Corrigé**
> Réponses possibles :
> Si vous ne mangez pas de pain :
> la France sans sa baguette ne sera plus la France,
> vous n'aurez plus assez de vitamines,
> vous serez malades,
> votre alimentation ne sera plus équilibrée...

❸ Demain, ce sera comment ?

▶ Faire lire la liste proposée dans l'activité.
Demander aux apprenants de la compléter à l'écrit.

> **Corrigé**
> Réponses possibles :
> Un jour peut-être...
> tous les pays seront amis,
> il n'y aura plus de personnes malades,
> tout le monde aura assez d'argent pour vivre bien,
> il y aura des espaces verts dans toutes les rues,
> tout le monde aura une résidence secondaire au bord de la mer, à la campagne ou à la montagne...

128

Communiquez

❹ Qu'en pensez-vous ?
▶ Faire travailler les apprenants par groupes de deux.
Leur demander de relire les phrases de l'activité 3 et d'en discuter entre eux : est-ce que les idées sont peu probables, probables ou certaines ?
Faire réviser et utiliser les différentes *Façons de dire* de l'unité 9.
Faire lire l'exemple.
Production libre.

❺ Une page de publicité.
▶ Faire lire la consigne de l'activité.
À la manière de la publicité *Si vous ne mangez pas de pain, un jour, il n'y en aura plus*, les apprenants doivent imaginer et écrire une publicité sur le sujet de leur choix (les journaux, l'école, le cinéma, les musées…).

Pour aller plus loin
▶ Organiser une grande exposition de toutes les publicités.
Demander à tous les apprenants de voter, à bulletin secret, pour la publicité qu'ils jugent être la meilleure.
Pour le vote, faire respecter des critères communs : qualité du français, originalité de l'idée, originalité de la publicité, humour…
▶ On peut aussi demander aux apprenants de faire des recherches sur Internet ou à la bibliothèque sur le pain. Combien de différents types de pain existe-t-il dans le monde ? Avec quels différents types de céréales fait-on du pain ? Comment et avec quoi mange-t-on du pain (en France, dans le pays de l'apprenant…) ? Quels sont les différents noms du pain ?
Faire mettre toutes les informations en commun. Demander aux apprenants de réaliser un dossier, en français, sur le pain, son histoire, ses recettes, sa place dans les sociétés…

BILAN 9

❶ L'intrus.
Corrigé
1 dans une semaine.
2 supprimer.
3 les projets.
4 à bientôt.
5 d'abord.

❷ Entretien avec un écrivain.
Corrigé
d'abord – dans un mois – trois semaines – Ensuite – l'année prochaine – tout de suite.

❸ Passé, présent ou futur ?
Corrigé
1a, 2b, 3a, 4b, 5b, 6a.

❹ C'est sûr ou pas ?
Corrigé
1 viendront.
2 sera.
3 aurez.
4 pourras.
5 verrai.
6 irez.

❺ Si…
Corrigé
Réponses possibles :
1 Si j'ai le temps, j'achèterai un cadeau pour Jasmine.
2 S'il ne fait pas beau demain, j'irai à mon entretien en voiture.
3 Si nous achetons cette maison, nous supprimerons le mur entre les deux pièces.
4 Si vous allez à Paris ce week-end, vous verrez Claire et François.
5 Si, un jour, je suis célèbre, je ferai beaucoup d'interviews.

❻ Vous verrez !
Corrigé
1b, 2e, 3a, 4d, 5c.

Évaluation orale 3

p. 103

❶ Micro-trottoir. DELF

Corrigé

	Aime	N'aime pas
1 Stéphane	faire des travaux dans sa maison, peindre	nettoyer, faire le ménage
2 Isabelle	voyager à l'étranger, faire de la marche, de la randonnée, faire la cuisine, lire, écouter de la musique classique	faire la vaisselle, faire le ménage en général
3 Bruno	aller à la mer, rester au soleil, faire du vélo au grand air, même s'il pleut, lire tranquillement un bon livre dans son lit	faire les courses à Paris le samedi après-midi, ranger ses affaires
4 Marielle	avant : faire du tennis maintenant : faire de la natation	faire les courses, faire la cuisine

❷ Quels sont vos projets ?

Corrigé

Réponses libres.

❸ Dispute. DELF

Corrigé

Réponse possible :
– Alex, je voudrais te parler.
– Oui, Christina, qu'est-ce qu'il y a ?
– Nous passons nos vacances ensemble cette année et toi tu es toujours parti avec tes nouveaux copains. Tu ne passes jamais de temps avec moi. Je m'ennuie beaucoup. Les journées sont longues et trop calmes pour moi.
– Hé ! calme-toi, Christina, je viens juste de rencontrer mes nouveaux copains, je trouve ça normal de vouloir les connaître et passer du temps avec eux.
– Oui, je suis d'accord avec toi, mais fais attention à moi et tout ira bien. Si tu es d'accord, je peux venir m'amuser avec tes copains et toi, non ?
– Oui, c'est une bonne idée.

❹ L'invitation. DELF

Corrigé

Réponse possible :
– Si tu passes tes vacances chez moi, on pourra aller tous les jours à la plage. Tu verras, il fait toujours beau ici !
– Non, ce n'est pas possible parce que je déteste faire de la natation ou rester sur la plage !
– D'accord, mais si tu viens chez moi, on pourra faire du vélo à la campagne et faire du camping. C'est sympa, non ?
– Euh, non, je ne trouve pas. Quand j'étais petit, j'allais souvent faire du camping avec mes parents et je n'aimais pas ça. Je n'en ferai plus !
– C'est dommage ! Si tu ne viens pas, tu ne pourras pas voir la grande fête du Cinéma. Cette année, il y aura beaucoup de films et beaucoup de stars aussi. Et je connais très bien le directeur de cette fête : c'est mon père ! On pourra voir tous les films et peut-être rencontrer des stars !
– C'est super ! Maintenant, je veux vraiment venir en vacances dans ton pays. Tu es toujours d'accord pour m'inviter ?

• 131

Évaluation écrite 3

p. 104

❶ En désordre.

▶ Pour la réalisation de cet exercice, on demandera aux apprenants de :
– lire tous les morceaux d'articles ;
– classer chaque élément selon qu'il appartient à l'histoire *La voiture roulait trop vite...* ou à l'histoire *De l'argent sous la cheminée !*
– classer les éléments d'une même histoire dans leur ordre chronologique.

Attention aux pièges :
• Dans les deux histoires, on parle de retraité. Il faudra conseiller aux apprenants de faire attention au genre des mots et des adjectifs ainsi qu'aux pronoms personnels utilisés.

• En outre, chaque histoire tourne autour d'une thématique qui lui est propre.
La voiture roulait trop vite... : accident, voiture, rouler, heurter quelqu'un, traverser, la route, une Citroën.
De l'argent sous la cheminée ! : billets de banque, argent, une valeur importante, maison, faire des travaux, séjour, cheminée.

Corrigé
La voiture roulait trop vite...
1e, 2h, 3c, 4b.
De l'argent sous la cheminée !
1g, 2d, 3f, 4a.

❷ Qu'est-ce qui s'est passé ? DELF

Corrigé
Réponse possible :

Lundi 5 août 20...

Cher Arnaud,

C'est le mois d'août et tu dois être en vacances. Je t'écris aujourd'hui pour t'inviter à passer quelques jours chez moi (si tu es libre et si tu ne quittes pas ta maison pour les vacances). Tu sais, je viens de sortir de l'hôpital. J'y suis resté deux jours parce que j'ai eu un accident de voiture.

Je vais tout te raconter : j'étais en retard à un rendez-vous chez le dentiste, je roulais donc assez vite. Et puis, j'ai vu un chat sur le bord de la route. Il a eu peur et il a traversé la route très vite. Pour ne pas heurter le chat, j'ai tourné à droite mais la voiture allait très vite et je n'ai pas pu m'arrêter. Voilà comment je suis rentré dans le jardin d'une maison en traversant le mur. J'ai eu de la chance, il n'y a pas d'autre blessé, quand l'accident est arrivé, il n'y avait personne dans le jardin !

Si tu veux venir passer un peu de temps avec moi, cela me fera du bien.
Tu peux me téléphoner à la maison.

À bientôt,

Ton ami,

Philippe

Annexes

Corrigés du cahier d'exercices

Leçon 1
Bienvenue ! p. 4

1 Masculin ou féminin ?
1 Féminin.
2 Masculin.
3 Masculin.
4 Féminin.

2 Qui est-ce ?
1 **Vous êtes** Marc ?
2 Alberto ? **Il est** italien ?
3 Oui, **je suis** français.
4 Mon mari ? Oui, **il est** français.
5 Non, **elle** s'appelle Clara.

3 Être ou s'appeler ?
1 C'est Marc Dubois. Il **s'appelle** Marc Dubois.
2 Vous **êtes** Paul ? Vous **vous appelez** Paul ?
3 Je **suis** Lorenzo. Je **m'appelle** Lorenzo Forte.
4 C'**est** ma femme. Elle **s'appelle** Laura.
5 Je **suis** française et je **m'appelle** Fatou.

4 Présentations.
1 – Bonjour. Vous **êtes** madame Latour ?
– Oui, **je** m'appelle Pauline Latour.
2 – Qui **est-ce** ?
– C'est Fred Vargas. **Elle** est française.
3 – **Vous êtes** italien ?
– Oui, je **suis** italien ; je m'appelle Francesco.

5 Questions-réponses.
1b, 2a, 3c, 4e, 5d.

Leçon 2
Rencontre p. 5

1 C'est quoi son prénom ?
1e, 2c, 3b, 4d, 5a, 6f.

2 Qui est-ce ?
1 C'est **le** professeur **de** Marie ?
2 Voilà **le** bureau **de** monsieur Kling.
3 C'est **la** directrice **d'**Annie !
4 Non, c'est **l'**étudiante **de** madame Dubois.
5 C'est **la** secrétaire **d'**Abdou, oui ou non ?

3 Cartes de visite.
1 Wolfgang Burrichter est allemand. Il habite à Düsseldorf, en Allemagne.
2 Ken Miura est japonais. Il habite à Tokyo, au Japon.
3 Anna Angelini est italienne. Elle habite à Rome, en Italie.
4 Lin Ng est chinoise. Elle habite à Hong Kong, en Chine.

Leçon 3
Ça va bien ? p. 6

1 Tu ou vous ?
1h, b, f, c.
2g, a, e, d.

2 Possession.
1 – C'est **ton** amie ?
– Non, c'est l'amie de **ma** fille.
2 Anne ? Elle est dans **sa** chambre.
3 Vous allez bien ? Et **votre** femme ?
4 – Jacques est à Bruxelles maintenant.
– Quelle est **son** adresse ?
5 Oui, oui, j'ai **votre** numéro de téléphone.

3 Questions-réponses.
1 Quel est votre âge ?
2 Quelle est votre adresse ?
3 Quel est votre numéro de téléphone ?
4 Quelle est votre adresse e-mail ?

4 Les chiffres et les lettres.
1 a 01 43 36 20 18
b 04 49 12 69 21
c 03 51 18 32 09
2 a dix-huit
b vingt-trois
c trente-deux
d quarante-sept
e cinquante-cinq
f soixante et un

Leçon 4
Correspond@nce p. 7

1 Correspondance.
Je cherche une correspondante. Salut, mon prénom, c'est Caroline. Je suis étudiante et j'habite à Berne en Suisse. J'aime la littérature, le cinéma et je parle français et allemand. J'ai un frère, il est étudiant aussi. Mon père est boulanger et ma mère est secrétaire. Quel est mon âge ? 18 ans.

2 Renseignements.
Nom : on ne sait pas
Prénom : Caroline
Adresse : Berne, Suisse
Numéro de téléphone : on ne sait pas
Âge : 18 ans
Nationalité : suisse
Profession : étudiante
Profession du père : boulanger
Profession de la mère : secrétaire

3 Portrait.
Elle s'appelle Amélie Morin, elle est française, elle a 33 ans (en 2003) et elle habite 56, boulevard Foch à Nantes. Elle est photographe. Elle parle espagnol. Elle aime le cinéma et la musique classique.

Leçon 5
Passe-temps p. 8

1 L'intrus.
1 une chaise
2 une affiche
3 une fenêtre
4 un téléphone
5 une assiette

2 Le, la, les, l' ou un, une, des ?
1 **Les** photos ? Elles sont dans **la** chambre.
2 Tu as **le** numéro de téléphone et **l'**adresse de Thomas ?
3 Oui, il y a **des** fenêtres dans **la** pièce.
4 Je cherche **une** correspondante en Suisse ou en Allemagne.
5 Tu as **un** garçon et **une** fille !

3 Quelle chambre !
1 Il y a des livres sous un fauteuil. Il y a une chaise sur un mur. Il y a un téléphone sur la chaise. Il y a une étagère sous la table. Il y a des affiches dans un vase. Il y a une table devant la porte.
2 Les livres sont sur les étagères. La table est contre le mur. La chaise est sous la table. Le téléphone est sur la table. Le vase est sur la table. Les affiches sont sur le mur.

Leçon 6
Portrait-robot p. 9

1 Mots mêlés.

		C	H	E	M	I	S	E
P	A	N	T	A	L	O	N	J
U	B	L	O	U	S	O	N	E
L				N				A
L	B	A	S	K	E	T	S	N
T	S	H	I	R	T			
		M	A	N	T	E	A	U
				E				
C	H	A	U	S	S	U	R	E	S

Horizontalement : chemise, pantalon, blouson, baskets, T-shirt, manteau, chaussures.
Verticalement : pull, lunettes, jean.

2 Qui est-ce ?
1d, 2f, 3a, 4b, 5e, 6c.

3 À qui est-ce ?
1 Ce sont ses chaussures
2 Ce sont leurs sacs.
3 Cette veste est à vous ?
4 Ce sont vos lunettes ?
5 Ce sont tes chemises.
6 Ces manteaux sont à nous.

Leçon 7
Boutique.net p. 10

1 Dans la boutique.
1g, 2e, 3b, 4i, 5c, 6a, 7f, 8d, 9h.

2 C'est joli, non ?
1 **Cette** robe bleue avec **ces** chaussures ? Hum hum…
2 Et toi, comment tu trouves **ces** lunettes ?
3 Je trouve **cette** chemise très jolie.
4 J'aime beaucoup **ce** pull noir aussi.
5 Oui, il est joli. Mais **ce** pull rouge avec **cette** robe verte, je n'aime pas.
6 **Cet** objet rouge et blanc, là ? Ah non !

3 Quelle est la question ?
1 **Quels** types de vêtements est-ce que tu aimes ?
2 Ces chaussures coûtent **combien**, s'il vous plaît ?
3 **Comment** tu trouves cette table ? Elle est jolie, non ?
4 D'accord. Et il y a **quelles** couleurs ?
5 Oui, **quelle** est la référence, s'il vous plaît ?

4 Les chiffres et les lettres.
1 93
2 71
3 78
4 119
5 979
6 488
7 261

Leçon 8
Le coin des artistes p. 11

1 Portraits-robots.
• L'homme à gauche est petit et blond. Il porte un pantalon gris, des chaussures, un T-shirt blanc et un blouson noir.
• L'homme à droite est grand et brun. Il porte un pantalon noir, une chemise blanche, des baskets et des lunettes.

2 Photo de Colette.
Réponse 1.

Leçon 9
Appartement à louer p. 12

1 Mots mêlés.

T	A	S	C	E	N	S	E	U	R
O		C	H	A	M	B	R	E	P
I	M	M	E	U	B	L	E	C	L
L		P					U	A	
E	E		I				I	C	
T	T		E			S	A		
T	A		C	O	U	L	O	I	R
E	G		E			E	I	N	
S	E	J	O	U	R	T		E	
		P	A	R	K	I	N	G	

Horizontalement : ascenseur, chambre, immeuble, couloir, séjour, parking.
Verticalement : toilettes, étage, pièce, lit, cuisine, placard.

2 Un appartement très petit !
L'immeuble est **au coin** de l'avenue Albert Ier et de la rue du Palais. C'est un immeuble ancien de trois étages. L'appartement est au deuxième et, **dans** l'appartement, il y a trois pièces. La chambre et la salle de bains sont **à droite** de l'entrée, **avec** les toilettes et, **au bout** du couloir, il y a le séjour-cuisine. Il n'y a pas de placards.

3 Nous, vous, eux ou elles ?
1 Elle habite chez eux.
2 Il y a combien de chambres chez vous ?
3 Oui, c'est chez elles.
4 Ma mère habite chez nous.

4 Devinettes.
• 1er étage : Suzanne Barbier.
• 2e étage : Jean et Chantal Tillier.
• 3e étage : Paul et Virginie Leroy.
• 4e étage : Donatien Nurumbi.
• 5e étage : Valérie Dutronc.

Leçon 10
Pour aller au Louvre ? p. 13

1 Tu vas où ?
1d, 2f, 3c, 4a, 5h, 6b, 7g, 8e
ou : 1d, 2f, 3h, 4b, 5c, 6a, 7g, 8e.

2 À l'impératif ou non ?
Phrases 1, 3, 4, 6, 7.

3 Vous y allez comment ?
1 – Vous passez à la poste comment ?
– J'y passe en voiture.
2 – Vous allez à la gare comment ?
– J'y vais à pied.
3 – Elle arrive à Strasbourg comment ?
– Elle y arrive en bus.
4 – Ils vont au musée comment ?
– Ils y vont en métro.

4 L'intrus.
1 voiture
2 bus
3 prendre
4 à pied
5 à droite

Leçon 11
Voyages, voyages p. 14

1 Mots en échelle.
1 Le premier jour, vous arrivez à l'**aéroport** de Saint-Denis.
2 La Réunion est une **île**.
3 La ville de Saint-Paul est à l'**ouest** de l'île.
4 La **chambre** a une terrasse.
5 On **visite** le centre de l'île en hélicoptère.
6 Allez dans notre **agence** de voyages à Saint-Paul.
7 L'hôtel est en face de la **mer**.
Le huitième mot est : piscine.

2 Questions-réponses.
Réponses possibles :
1 Où est Saint-Denis ?
2 C'est comment, Saint-Denis ?
3 Est-ce que le voyage est cher ?
4 Qu'est-ce que c'est, la Réunion ?

3 Voyage.
Premier jour : Vous arrivez **en bateau** et vous allez **en bus** à votre hôtel, le Calypso. Cet hôtel est à Saint-Pierre : c'est **au sud de l'île**, **au bord de** la mer ; vous avez une chambre avec une terrasse. Vous visitez Saint-Pierre **à pied** et vous allez **au centre de l'île en** hélicoptère.

4 On.
• On = nous : 1, 2, 4, 5.
• On = les gens : 3, 6.

Leçon 12
Week-end à la mer p. 15

1 C'est où ?

```
                    ②
  PLACE         Avenue Pasteur
  D'ESPAGNE
     ③              ④
Rue de Nice  Rue    PLACE    Rue
             de     D'ITALIE  du
             Vienne          Bac
     ①
  Rue de Rome  Avenue de Paris
              VOUS ÊTES ICI
```

2 Voyage en Corse.
Cher Greg,
Je suis en Corse avec Pascal. Cette île est au sud de la France. Nous sommes à l'hôtel Azur, à Ajaccio, au bord de la mer. Les chambres sont très sympa : il y a le téléphone, la télévision et l'air conditionné. Nous avons aussi de très grandes salles de bains.
On visite l'île en voiture et aussi en vélo. On aime beaucoup la ville de Bastia, au nord.
Ce week-end nous allons dans le sud : on visite Bonifacio.
À bientôt, bises,
Anne

Leçon 13
Vous partez quand ? p. 16-17

1 À quelle heure ?
1c, 2b, 3e, 4a, 5d.

2 Conjugaisons.
1 – Tu **pars** quand ?
– Je **prends** l'avion cet après-midi.
2 – Vous **prenez** le train à quelle heure ?
– Nous **partons** à deux heures et demie.
3 – Elles **partent** ce matin ?
– Oui, elles **prennent** leur bus à dix heures moins le quart.
4 – Julien **part** comment ?
– Il **prend** un taxi.
5 – Vous **partez** à Paris en train ?
– Non, nous **prenons** la voiture.

3 Questions-réponses.
Réponses possibles :
1 Vous partez quand ?
2 Quelle heure est-il ?/Il est quelle heure ?
3 Où est-ce que son train arrive ?
4 À quelle heure est-ce qu'il part ?

4 Dites-le autrement.
1 Quelle heure est-il ?
2 Quand est-ce que tu vas à la banque, ce matin ou cet après-midi ?
3 Je voudrais un billet pour l'avion de dix-huit heures, s'il vous plaît.
4 Est-ce que le train de neuf heures sept est complet ?
5 Quand est-ce qu'ils partent ?

5 Dates et heures.
1 C'est lundi.
2 Le jeudi.
3 Le samedi.
4 C'est mercredi 19.
5 Réponse possible : Le mardi à neuf heures, le jeudi et le vendredi à onze heures.

6 Quelle est la liaison ?
1 Il est dix‿heures en‿Italie.
2 Il y a un‿avion à sept‿heures.
3 Ils ont un train à dix‿heures.
4 Ils ont trois‿amis chez‿eux.
5 Vous‿avez deux‿avions pour Barcelone ce soir.

Leçon 14
À Genève p. 18-19

1 Rendez-vous.
1e, 2i, 3d, 4b, 5h, 6f, 7a, 8g, 9c.

2 Mots croisés.
– Et alors, qu'est-ce que tu fais maintenant ?
– Je **travaille** (1) dans un bar.
– Ah oui !
– Oh, **seulement** (6) trois jours par **semaine** (2).
– C'est bien !
– Oui, mais je rentre très **tard** (5) le soir, chez moi. Et toi, qu'est-ce que tu fais ?
– Eh bien, ce soir, ma femme et moi, nous partons en **vacances** (4) à la Réunion. Sophie a une **réunion** (3) avec son directeur à 17 h 30 et nous prenons l'avion à 20 heures.

3 Conjugaisons.
1 Qu'est-ce vous **faites** dans la vie ?
2 Je **travaille** à Paris mais, avec Anne, nous **habitons** à Chartres.
3 Bon, alors, qu'est-ce qu'on **fait** ? On **rentre** maintenant !
4 Et tu **commences** à quelle heure le matin ?
5 Oui, ils **partent** tous les matins à 6 heures et ils **rentrent** tous les soirs vers 21 heures.
6 Eh oui, ils **font** du cinéma maintenant. Et lui, il **joue** aussi dans un groupe de rock.

4 Est-ce que... ?
1 Quand est-ce qu'ils arrivent ?
2 Où est-ce que tu vas ?

3 Qu'est-ce que vous faites le week-end/ le samedi et le dimanche ?
4 Comment est-ce qu'elle part ?

5 Une semaine de travail.
• Lui, il travaille tous **les** jours, du lundi au vendredi. Il part tôt **le** matin, à 6 heures 30 et il rentre tard **le** soir. Elle, elle travaille **du** lundi **au** jeudi, quatre jours **par** semaine. **Le** reste de la semaine, elle est chez elle.
• Et vous ?
Réponse possible :
Moi, je vais à l'école du lundi au samedi. Je pars tôt le matin, à 7 heures et je rentre chez moi à 16 heures.

6 [ɑ̃], [ɔ̃] ou [ɛ̃] ?
[ɑ̃] d**an**s, ch**am**bre, qu**an**d, comm**en**ces, v**en**dredi, **en**
[ɔ̃] s**on**, n**om**, réuni**on**, f**on**t, v**on**t
[ɛ̃] c**in**q, v**ingt**, pr**och**ain, tr**ain**

Leçon 15
Le dimanche matin p. 20-21

1 Quel sport ?

N	A	T	A	T	I	O	N		
	V	E	L	O					
F	O	O	T	I	N	G			
			G	Y	M	N	A	S	T	I	Q	U	E
A	T	H	L	É	T	I	S	M	E
			S	K	I				

2 Qu'est-ce que vous faites ?
1 – Vous **écrivez** souvent à vos amis ?
– Non, je n'**écris** pas. Je téléphone.
2 – Est-ce que vous **lisez** beaucoup ? Des livres ? Des journaux ?
– Je **lis** quinze à vingt livres par an.
3 – Qu'est-ce que vous faites ?
– Les enfants **écrivent** une lettre à Marina. Et nous, nous **lisons** le journal.

3 Et eux, qu'est-ce qu'ils font ?
1 a3, b5, c1, d2, e4.
2 Réponse possible :
Du lundi au vendredi, à huit heures du matin, je suis dans le métro. Je vais à l'université./À huit heures, je suis au lit. Je me lève à neuf heures tous les jours.

4 Verbes pronominaux.
1 Il **se** lève tôt le dimanche, sa femme **se** lève tard.
2 Tu **te** reposes l'après-midi ?
3 Le matin, je **me** lave et puis je prends mon petit déjeuner.
4 L'après-midi, il **se** repose de deux à trois heures.
5 Et toi, tu **te** lèves à quelle heure le dimanche ?

5 C'est possible ?
1 a, d, g, h, j.
2 a, h.
3 c, i.
4 c, e, i.
5 a, b, f, h.

6 Dimanche ou le dimanche ?
1 Je vais souvent à la piscine **le** vendredi.
2 Son avion arrive **mardi**, à quinze heures dix.
3 En général, je vais au marché **le samedi**.
4 Tous les samedis soir, je vais en boîte et, **le dimanche**, je me lève à midi.

7 Questions-réponses.
1 Est-ce que tu te laves avant de prendre ton petit déjeuner ?
2 Est-ce que tu te reposes le dimanche après-midi ?
3 À quelle heure est-ce que tu rentres le soir ?
4 Quand est-ce que tu fais du tennis et de la natation ?

Leçon 16
Une journée avec... p. 22-23

1 La journée d'Alexandre.
1c, 2j, 3g, 4k, 5h, 6e, 7a, 8i, 9d, 10b, 11f.

2 L'agenda de Yolaine.
1 Yolaine va au cinéma jeudi soir, à 20 heures. Le film s'appelle *Huit femmes*.
2 Oui, elle fait du sport le mercredi. Elle a un cours de gym(nastique) à 19 h 15.
3 Cette semaine, elle va au restaurant mercredi, à midi et demie. Le restaurant s'appelle le Petit Paris.
4 Jeudi après-midi, elle a rendez-vous chez le dentiste.
5 Elle a rendez-vous avec le professeur de sa fille mercredi à 18 heures.
6 Oui, elle travaille vendredi matin. Elle a une réunion avec les directeurs.
7 Le week-end prochain, elle va à La Baule en train/TGV.

3 Des nouvelles de Markus.
De : vbonnot@institutdelangues.com
À : mburrichter@tooyoo.com
Objet : réponse à votre demande d'informations
Monsieur,
Merci de votre e-mail. Il y a un bus entre la gare et l'institut de langues. C'est le bus numéro 10 (ligne 10 : Place de Verdun-Les Minimes). L'institut de langues est à côté de l'université. Le bus 10 passe à la gare à 8 h 25 et arrive à l'université à 8 h 30. Il y a un autre bus à 8 h 40. Il arrive à l'université à 8 h 45. Le matin, il y a cours de 9 heures à midi et l'après-midi de 14 heures à 16 heures.
Il y a une piscine à La Rochelle à l'Espace Gym (c'est un club de sport). L'Espace Gym est à côté de la plage des Minimes (le bus n° 10 y va). Les horaires sont : 10 heures-21 heures, tous les jours de la semaine.
Meilleures salutations,
Valérie Bonnot

136

Leçon 17
Mardi gras p. 24-25

1 Habitudes.
1 – Est-ce que vous **buvez** du vin à table ?
– Non, nous **buvons** seulement de l'eau.
2 – Tu ne **manges** pas de viande ?
– Non, mais je **mange** du poisson.
3 – Qu'est-ce qu'elle **boit** ?
– Du Coca.
4 – Vous **mangez** avec nous ce soir ?
– Non, ce n'est pas possible. Nous **mangeons** au restaurant avec ma mère.
5 – Ils **mangent** et ils **boivent** beaucoup, non ?
– Oh oui !

2 L'intrus.
1 manger
2 viande
3 acheter
4 vin
5 fromage
6 eau minérale

3 Quiz.
1 Pour le petit déjeuner
Qu'est-ce que vous buvez ?
du café – **du** thé – **du** lait – autres : **du** jus d'orange
Qu'est-ce que vous mangez ?
du pain – **de la** confiture – **du** beurre – **du** gâteau – **des** fruits – **des** œufs – **de la** viande – **du** poisson – **du** riz – autres : – **des** crêpes
Pour le déjeuner ou le dîner
Qu'est-ce que vous buvez ?
de l'eau – **du** vin – **du** Coca – autres : **de la** bière
Qu'est-ce que vous mangez ?
des légumes – **du** poisson – **de la** viande – **du** pain – **du** riz – **des** œufs – **de la** salade – autres : **des** yaourts, **du** fromage
2 Réponses possibles :
a Pour le petit déjeuner, je ne mange pas de pain mais du gâteau.
b Pour le déjeuner, je ne bois pas de vin mais de l'eau minérale.
c Pour le dîner, je ne mange pas de viande mais du poisson.
d En général, je ne mange pas de fromage mais des yaourts.

4 Quelle quantité ?
1 Je bois **un litre** d'eau par jour.
2 Pour ce gâteau, il faut **cent grammes** de beurre.
3 Prends **un kilo** de farine pour faire des crêpes.
4 Tu fais les courses ? Achète **une bouteille** de cidre.
5 Pour faire vingt crêpes, il faut **une livre** de farine.

5 Questions-réponses.
1e, 2b, 3d, 4a, 5c.

6 [ø] ou [œ] ?
1 Je voudrais des œufs et un peu de thé, s'il vous plaît.
2 Jeudi, elle déjeune avec eux.
3 Il faut un œuf seulement.
4 Et deux cents grammes de beurre… Trois euros, monsieur, s'il vous plaît.

Leçon 18
Une bonne journée p. 26-27

1 Présent ou passé ?
• Présent : 3, 4.
• Passé : 1, 2, 5, 6.

2 Un après-midi à Paris.
1j, 2c, 3d, 4a, 5g, 6b, 7i, 8f, 9e, 10h.

3 Accord de l'adjectif.
1 J'ai acheté deux tables ancien**nes** ; elles sont belle**s**, non ?
2 Ce restaurant est très bon, la cuisine est excellent**e** !
3 J'aime beaucoup cette maison : elle est grand**e**, clair**e** et très jolie.
4 Ses enfants sont très beaux ; ils sont brun**s** tous les trois.
5 Elles sont joli**es**, ces chaussures noir**es** !

4 Messages.
Lundi, il a dîné chez Anne-Sophie à 20 heures.
Mardi, il a déjeuné au Badaboum avec Michael et ensuite il a acheté un cadeau pour sa maman.
Mercredi, il a téléphoné à sa maman pour son anniversaire.
Jeudi, il a joué au tennis avec Stéphane, à 17 heures.
Vendredi, il a pris le train de 18 h 32 pour Lille.

5 Dites-le autrement.
1 Cette maison est ancienne.
2 C'est très calme, ici.
3 La cuisine est sombre.
4 L'appartement est à côté de la gare.

6 Mots en escalier.
1 a Vous buvez du **vin** ?
b Pardon, madame, est-ce que vous prenez un **café** ou un thé ?
c La cuisine est très bonne. Ce **repas** est excellent !
d En dessert, nous avons un très bon **gâteau** à l'orange.
e Pour cinq personnes ? Désolé, monsieur, mais tout est **complet** ce soir.
f Quels légumes est-ce que tu as dans ton **assiette** ?
g S'il vous plaît ! Je voudrais une **bouteille** d'eau minérale.
h J'aime beaucoup ce **restaurant** italien. Il est très bien !
2 Thème de la grille : le vocabulaire du restaurant.

Leçon 19
Où sont-ils allés ? p. 28-29

1 Mots croisés.
1 1 tomber
2 descendre
3 monter
4 naître
5 mourir
6 marcher
2 Le verbe *marcher* est différent des autres. Il se conjugue au passé composé avec l'auxiliaire *avoir*.

2 *Être* ou *avoir* ?
tomber – aller – entrer – partir – venir – rester – passer – descendre – monter – arriver – naître – devenir – mourir

3 Participes passés.
1i, 2e, 3g, 4h, 5c, 6b, 7a, 8d, 9f.

4 Une journée ordinaire.
Hier matin, elle **est sortie** de chez elle à neuf heures. Elle **est allée** au marché et elle **a fait** des courses. Elle **est revenue** vers onze heures. Elle **a préparé** son repas et elle **a déjeuné**. L'après-midi, elle **est montée** voir une amie au cinquième étage. Elle **est descendue** de chez son amie à cinq heures. Le soir, elle **n'est pas sortie**. Et c'est comme ça tous les jours !

5 Tous en *u* !
1 Elles ont **vu** le dernier film d'Astérix.
2 Philippe ? Il est **descendu** à la boulangerie.
3 Nous avons **bu** une bouteille de bordeaux.
4 Tu as **lu** le journal de ce matin ?
5 Est-ce qu'il est **venu** à l'école hier ?

6 Le moment et la durée.
1b, 2a, 3b, 4b, 5a.

7 Questions-réponses.
1d, 2c, 3b, 4e, 5a.

Leçon 20
Souvenirs de fête p. 30-31

1 Vrai ou faux ?
• Vrai : 3, 5.
• Faux : 1, 2, 4, 6.

2 Carte postale.
Chers amis,
Nous vous écrivons de l'île du Lido. Nous avons dîné dans un restaurant très romantique. Nous passons une magnifique Saint-Valentin. Notre hôtel est à côté de la place Saint-Marc et il a un nom très romantique : il s'appelle l'hôtel Casanova !
Nous avons passé trois jours très sympa ici. Nous avons visité la ville à pied : elle est très belle. Nous nous sommes promenés en bateau sur le Grand Canal et nous avons vu le pont du Rialto et le pont des Soupirs.
Nous rentrons demain.
À bientôt, bises,
Mathieu et Malika

3 Qu'est-ce qu'on dit ?
1b, 2e, 3d, 4a, 5c.

4 *g* ou *j* ?
1 Tu passes à l'agence de voyages jeudi ou vendredi ?

2 On a acheté du fromage et des oranges.
3 C'est un objet ? Euh… Un badge, non, un agenda.
4 Pour notre mariage, nous mangeons dans un restaurant très romantique.
5 À quel jeu est-ce qu'on joue ?

5 [e] ou [ɛ] ?
1 Elle appelle Noëlle pour son anniversaire.
2 Invitez des amis à dîner chez vous.
3 À Noël, l'année dernière, nous sommes allés sur les Champs-Élysées.
4 Qu'est-ce que vous faites pour les fêtes ?
5 Ils viennent avec nous à Marseille pour le nouvel an.

Leçon 21
Qu'est-ce qu'on peut faire ? p. 32-33

1 Où est-ce ?
1 Chez le médecin.
2 Au musée.
3 Dans un train.
4 Dans un hôtel.

2 C'est possible ?
1 Est-ce que je peux/nous pouvons monter vous voir ? Est-ce que je peux/nous pouvons monter chez vous ?
2 Est-ce que je peux/que nous pouvons/qu'on peut fumer ici ?
3 Est-ce que je peux téléphoner ?
4 Est-ce qu'ils peuvent voir madame Lenoir, ce matin ?

3 C'est pour eux.
1 Non, je suis avec un ami. Donnez-moi deux billets, s'il vous plaît.
2 C'est aujourd'hui leur anniversaire de mariage. Prenez-leur des fleurs.
3 Elle a bien travaillé ! Donne-lui dix euros.
4 Nous sommes à la maison ce week-end. Téléphonez-nous.
5 Il part en vacances la semaine prochaine. Achetons-lui un sac de voyage.

4 Que faire ?
1 Ah bon ! Écrivez-moi une carte postale.
2 Ah bon ! Achète-lui un cadeau/Achetons-lui un cadeau.
3 Ah bon ! Parlons-leur espagnol/Parle-leur espagnol.
4 Prends-moi des petits gâteaux.

5 C'est interdit !
1 visiter
2 manger
3 téléphoner
4 fumer
5 entrer
6 dormir
7 boire
8 traverser

Leçon 22
Petites annonces p. 34-35

1 Mots croisés.
• Est-ce que je suis **dynamique** (1) ? Ah oui, bien sûr. Je travaille beaucoup, je fais du sport et je n'aime pas dormir.
• Nous cherchons une personne **souriante** (2) : à l'accueil, c'est très **important** (3).
• Il a seulement dix-neuf ans, c'est très **jeune** (4) pour travailler ici !
• Oui, elle parle trois langues **étrangères** (5) : anglais, allemand et espagnol.
• Il faut travailler le week-end : c'est **indispensable** (6).

2 Dites-le autrement.
1 Il faut prendre le bus, c'est loin.
2 Il faut visiter l'île de Ré, c'est très joli.
3 Il faut lire ce livre, il est intéressant.
4 Il faut dormir un peu, c'est indispensable.

3 Questions-réponses.
1 Est-ce que vous voulez un aller-retour ?
2 Est-ce que vous savez parler anglais et italien ?/Est-ce que vous parlez des langues étrangères ?
3 Où est-ce que vous voulez aller, Luc et toi ?
4 Est-ce qu'elles savent danser ?

4 Savoir ou pouvoir ?
1 a Vous **savez** jouer au tennis ?
  b Vous **pouvez** jouer au tennis avec moi, cet après-midi ?
2 a Désolé, je ne **peux** pas faire de vélo, en ce moment.
  b Oui, oui, nous **savons** faire du vélo.
3 a Il ne **peut** pas lire le journal, il n'a pas ses lunettes.
  b Non, ils ne **savent** pas lire.

5 Qu'est-ce qu'il ne faut pas dire ?
1c, 2b, 3a, 4c.

6 Comment ça s'écrit ?
1 Madame Renoir, s'il vous plaît. Vous pouvez entrer.
2 Oui, tu peux téléphoner à Élisa. Elle est rentrée chez elle.
3 Vous avez réservé une chambre à l'hôtel ?
4 Oui, ils sont arrivés à Paris, mais ils ne peuvent pas dîner avec nous ce soir.
5 Est-ce que vous voulez manger avec nous ce midi ?

Leçon 23
Qu'est-ce qu'on lui offre ? p. 36-37

1 Savoir ou connaître ?
1 Après le verbe connaître, il y a des noms (la femme, les horaires, son amie).

2 Après le verbe savoir, il y a des verbes à l'infinitif (nager, faire, danser).

2 Non, merci.
Réponses possibles :
1 Je suis désolé(e). Je n'ai pas d'argent.
2 Non, merci. Je ne bois pas d'alcool.
3 Désolé(e), je ne peux pas. Je travaille toute la journée.
4 Désolé(e), je dois faire des courses.

3 Questions-réponses.
1c, 2e, 3f, 4a, 5b, 6d.

4 Oui ou non ?
1 Non, nous ne l'avons pas/je ne l'ai pas.
2 Oui, elle lui écrit.
3 Non, ils ne les connaissent pas.
4 Oui, je leur téléphone.
5 Non, on le prend/nous le prenons à 21 h 25.
6 Oui, il la quitte cette semaine.

5 Devinettes.
1 Un sac.
2 Des chocolats.
3 Un agenda.
4 Des livres.
5 Un manteau.
6 Des fleurs.

6 Les contraires.
1 partir
2 descendre
3 naître
4 venir
5 finir
6 travailler
7 sortir

7 Le e.
1 Tu le vois quand ?
2 Je ne sais pas.
3 Je ne regarde pas le journal.
4 Donne-le à ton frère.
5 Elle offre des fleurs à sa mère.

Leçon 24
Être le candidat idéal p. 38-39

1 Invitation.
1 Cher Maxime,
Nous pouvons venir samedi à vingt heures !
On vient avec des CD.
Fatou et moi, on voudrait acheter un cadeau à Évelyne mais on n'a pas d'idée. Est-ce que tu peux nous donner des conseils, s'il te plaît ?
Merci et à samedi,
Karim
2 Cher Maxime,
Je suis désolé mais je ne peux pas venir samedi.
Je suis déjà invité chez des copains du travail.
Passez une bonne soirée.
Fais une bise à Évelyne pour son anniversaire.
À très bientôt,
Pierre

2 Excuse.
Je suis désolée mais je ne peux pas venir à la fête demain soir. J'ai un problème avec les enfants. Ils ne vont pas très bien. Aujourd'hui, ils ne sont pas allés à l'école. J'ai appelé le médecin. Passez une bonne soirée.
À bientôt, Anne

3 Que faut-il faire ?
- Vrai : 2, 6, 8.
- Faux : 1, 3, 4, 5, 7.

4 À vous.
Réponse libre.

Leçon 25
Enquête dans la rue p. 40-41

1 Mots mêlés.

D	O	P	E	R	A			B
I	M	A	G	A	Z	I	N	E	A
S									R
C	R	E	S	T	A	U	R	A	N	T
O						C	J	C	H
T	E	L	E	V	I	S	I	O	N	E
H						N	U		A
E	I					E	R		T
Q	V	M	U	S	E	E	M	N	R
U	R						A	A	E
E	E		S	P	O	R	T	L

Horizontalement : opéra, magazine, restaurant, télévision, musée, sport.
Verticalement : discothèque, livre, cinéma, journal, bar, théâtre.

2 L'intrus.
1 détester
2 un livre
3 un bar
4 le musée
5 la restauration

3 En ou ça ?
1 Oui, j'en fais beaucoup.
2 Non, je n'aime pas ça.
3 Oui, je préfère ça.
4 Non, je n'en lis pas.
5 Oui, j'en ai un peu.
6 Oui, je déteste ça.

4 Non, c'est non !
Réponses possibles :
1 Non, je n'ai plus le temps d'y aller. J'ai beaucoup de travail.
2 Non, ils ne regardent plus la télé ; maintenant ils lisent.
3 Non, je n'en fais plus ; maintenant je fais de la danse.
4 Non, je ne lis plus beaucoup de livres par an. Je n'ai plus le temps avec les enfants.

5 Une enquête dans la rue.
1d, 2h, 3m, 4e, 5k, 6i, 7b, 8j, 9f, 10l, 11g, 12a, 13c.

6 Le e caduc.
1 Tu as fait un peu d̸e théâtr̸e !
2 Ell̸e aim̸e bien c̸e musée !
3 Il n'a plus d̸e livr̸e à lir̸e.
4 J̸e préfèr̸e l̸e cinéma.
5 J̸e n̸e fais plus d̸e sport.

Leçon 26
Tous à la campagne p. 42-43

1 C'est trop ou pas assez ?
1 Parce qu'il y a trop de bruit.
2 Parce qu'elle est trop petite pour lui.
3 Parce qu'elle est trop grande pour elle.
4 Parce qu'il n'a pas assez d'argent.

2 Tout.
1 Ce week-end, avec mes amis, nous sommes **tous** partis à la campagne.
2 Dans mon immeuble, c'est bien, **tout** le monde se connaît.
3 Et tes sœurs, elles habitent **toutes** à Paris maintenant ?
4 Nous avons visité **tous** les appartements de l'immeuble : ils sont trop petits.
5 Aujourd'hui, **toute** ma famille a téléphoné pour notre anniversaire de mariage.
6 Où sont **toutes** mes photos d'anniversaire ? Elles ne sont plus dans ma chambre.

3 Pourquoi est-ce qu'ils sont comme ça ?
1e, 2c, 3a, 4b, 5d.

4 Qu'est-ce qu'ils pensent ?
- Opinions positives : 1, 3, 6.
- Opinions négatives : 2, 4, 5, 7, 8.

5 [tu] ou [tus] ?
1 – Tu as vu tous tes amis, ce week-end ?
– Non, pas tou**s**.
2 – Ils habitent tou**s** à la campagne ?
– Alex, Lou et Benjamin, oui. Mais, tous les autres sont à Paris.
3 – Tu travailles tous les jours à Lyon ?
– Non, tous les lundis et mercredis seulement.
4 – Et tes frères ? Ils sont tou**s** médecins ?
– Oui, tous les trois.

6 La liaison en [t], [z] et [n].
1 Quelle heure est-il ? Six‿heures ?
2 Christiane et Aline ont vingt‿et un ans aujourd'hui.
3 Il a quatre-vingts‿ans le six‿avril.
4 Mais oui ! Il est déjà huit‿heures !
5 Mon appartement a cent‿ans.

Leçon 27
Les vacances, c'est sacré ! p. 44-45

1 Questions-réponses.
– À quelle heure tu te lèves en général, le matin ?
– **Je me lève** à sept heures, tous les matins.
– Ton mari et tes enfants aussi ?

– Oui, Jean-Pierre **se lève** aussi à sept heures. Mais les enfants, eux, **se lèvent** vers huit heures pendant la semaine et neuf heures le week-end.
– Et à quelle heure est-ce que vous **vous couchez** ?
– Les enfants **se couchent** tous les soirs à huit heures et demie. Jean-Pierre et moi **nous nous couchons** souvent vers onze heures. Et Antoine et toi, est-ce que **vous vous couchez** tard ?

2 Journal intime.
Biarritz, le 12 novembre
Ce matin, je **me suis levé(e)** très tôt, vers six heures, six heures et quart. Je **me suis douché(e)**, je **me suis habillé(e)** et j'**ai pris** mon petit déjeuner. Après, j'**ai lu** deux ou trois magazines.
Vers dix heures, je **me suis promené(e)** un peu sur la plage et je **suis rentré(e)** à la maison. Cet après-midi, je **suis retourné(e)** à la plage et je **me suis baigné(e)** : la mer n'est pas très chaude, en ce moment. Ensuite, je **me suis reposé(e)**.
Ce soir, Paul **est venu** et nous **sommes allés** dans un bar : nous **nous sommes bien amusés**.

3 Ordres contraires.
1 Ah non, ne vous levez pas tôt demain !
2 Ah non, ne te baigne pas dans la piscine !
3 Ah non, ne nous entraînons pas au tennis cet après-midi !
4 Ah non, ne t'amuse pas avant le dîner !
5 Ah non, ne nous reposons pas maintenant !

4 Qu'est-ce que vous dites dans les situations suivantes ?
1 Habille-toi vite !
2 Couche-toi tôt et repose-toi !
3 Lève-toi !
4 Lave-toi les mains et les cheveux !
5 Achète-toi une robe noire.

5 Exprimez vos goûts et vos préférences.
Réponses possibles :
1 Non, je n'aime pas du tout ça.
2 Non, ce n'est pas vraiment intéressant.
3 Oui, j'aime bien.
4 Vous trouvez ça bien, vous ?
5 Oui, ça m'amuse !

Leçon 28
Les Français et les vacances p. 46-47

1 Points communs et différences.
- Points communs :
– Ils aiment tous les deux la Provence et sont allés à Aix-en-Provence.
– Valérie et Nicolas aiment tous les deux aller à la plage et se baigner.
– Valérie et Nicolas passent tous les deux des vacances en famille.

• 139

- **Différences :**
  – En général, Valérie va dans le sud de la France et Nicolas va au bord de la mer en Bretagne.
  – Valérie part en vacances dans sa famille ; Nicolas, lui, part en vacances dans un camping avec sa famille.
  – Valérie voyage en train/Nicolas voyage en voiture.
  – Valérie part en vacances en juin/Nicolas part en juillet.
  – Valérie adore sortir le soir dans les bars et les discothèques/Nicolas préfère visiter les villes et les musées.

2 Portraits.
Réponse possible :
Estelle adore le soleil et la cuisine étrangère. Elle adore prendre l'avion. Elle aime bien faire beaucoup de photos. Elle n'aime pas passer les vacances en France. Elle n'aime pas partir en vacances en juillet ou en août.
Romain adore la nature. Il adore partir à la montagne et marcher. Il aime bien faire du camping et faire du sport. Romain n'aime pas le bruit et il n'aime pas partir en voiture.

3 Carte postale.
Biarritz, mardi 15 août.
Chers amis,
Je passe de bonnes vacances dans le sud-ouest de la France. Je suis arrivée à Biarritz samedi, en train ; le Pays basque est très beau. J'habite chez des amis français, dans une maison au bord de la mer. Biarritz est une ville très jolie. J'aime m'y promener. La journée, je vais à la plage avec mes amis, nous nous baignons et nous nous reposons. Le soir, on sort au restaurant (la cuisine basque est très bonne !), on va en boîte ou dans des bars. On s'amuse beaucoup.
Je vous embrasse,
Votre amie Keïko

4 Comment ça s'écrit ?
1 Ah bon, tu pré**fè**res les vacances à la mer !
2 À quelle heure est-ce qu'elle se l**è**ve ?
3 Arrête de r**ê**ver, il faut travailler maintenant.
4 Nous pré**fé**rons partir en avion.
5 Vous vous l**e**vez tard le matin ?
6 Oui, ils se prom**è**nent sur la plage.

Leçon 29
Souvenirs, souvenirs
p. 48-49

1 Quel est le temps ?
- Présent : 1, 4.
- Passé récent : 2, 3, 5.

2 Venir de…
1 Non, merci, on vient d'en manger.
2 Non, le concert vient de commencer.
3 Non, ils viennent de partir.
4 Non, je viens de faire les courses.

3 Les habitudes changent.
1 Je ne sors plus en boîte **mais, avant, je sortais beaucoup.**
2 Nous n'allons plus au cinéma **mais, avant, nous y allions souvent.**
3 Ils ne font plus de sport **mais, avant, ils en faisaient beaucoup.**
4 Tu ne fumes plus **mais, avant, tu fumais beaucoup.**
5 Vous ne mangez plus au restaurant **mais, avant, vous y mangiez souvent.**

4 Interview.
1 – Où est-ce que vous habitiez quand vous étiez petit ?
2 – Quelle était la profession de vos parents ?
3 – Quelle profession est-ce que vous vouliez faire ?
4 – Quel type d'enfant est-ce que vous étiez ?
5 – Est-ce que vous aviez beaucoup d'amis ?
6 – Est-ce que vous aviez un jouet préféré ?
7 – Est-ce que vous faisiez du sport ?
8 – Qu'est-ce que vous aimiez faire ?

5 Mots mêlés.

				B	L	O	N	D	
R	O	M	A	N	T	I	Q	U	E
	T	R	A	N	Q	U	I	L	L
J		G	C					B	T
E	D	Y	N	A	M	I	Q	U	E	R
U	B	J	I	L				A	I
N	R	O	F	M				U	S
E	U	L	I	E	P	E	T	I	T
N	I	Q	G	R	A	N	D	E	E
S	O	U	R	I	A	N	T		
	C	E	L	E	B	R	E		

Horizontalement :
blond, romantique, tranquille, dynamique, petit, grande, souriant, célèbre.
Verticalement :
jeune, bruns, joli, magnifique, calme, beau, triste.

6 Vrai ou faux ?
- Vrai : 1, 2, 3, 6.
- Faux : 4, 5.

Leçon 30
Fait divers p. 50-51

1 Opinion.
1 L'année dernière, je suis allé en juillet dans le sud de la France ; il faisait trop chaud.
2 Hier, elles ont fait les magasins toute la journée ; elles étaient fatiguées.
3 Quand j'avais vingt ans, j'ai rencontré un garçon ; il était très beau.
4 Ce week-end, Cécile n'a pas téléphoné pour mon anniversaire ; j'étais triste.
5 Nous avons changé d'appartement ; c'était trop bruyant.

2 Pourquoi est-ce qu'il n'est pas venu ?
1 Il n'est pas venu parce qu'il n'y avait plus de bus après vingt heures.
2 Il n'est pas venu parce qu'il était en voyage en Italie.
3 Il n'est pas venu parce que c'était l'anniversaire de son père.
4 Il n'est pas venu parce qu'il avait trop de travail.

3 C'était comment avant ?
Réponses possibles :
1 Avant, **j'étais triste/je n'avais pas d'amis** et, un jour, j'ai rencontré Alice.
2 Avant, je ne parlais pas du tout français et, un jour, **j'ai commencé à dire des petites phrases.**
3 Avant, **je travaillais à Lille** et, un jour, j'ai trouvé un travail à Paris.

4 L'intrus.
1 un journaliste
2 une autoroute
3 pleuvoir
4 sur Internet
5 heurter
6 être terrifié

5 Orthographe du son [u] en finale.
1 Va jusqu'au b**ou**t de la rue.
2 Il y a beaucoup de monde.
3 T**ou**s mes amis étaient là.
4 Regarde s**ou**s la table.
5 Non, je jou**e** pas du tout.
6 Tu as rendez-v**ou**s à quelle heure ?

6 Un accident.
1c, 2e, 3j, 4f, 5i, 6b, 7d, 8h, 9a, 10g.

Leçon 31
Ma première histoire d'amour p. 52-53

1 Dans quel but ?
1 Ils sont allés vivre à la campagne **pour être loin de la pollution.**
2 J'écris à mes amies **pour donner des nouvelles.**
3 Nous apprenons l'espagnol **pour partir en vacances en Espagne.**
4 Elles sont parties en vacances en Italie **pour visiter Florence et Rome.**
5 Vous allez au restaurant **pour fêter l'anniversaire de Fatima.**

2 C'était quand ?
J'ai rencontré ma femme **en** 1975. Ça s'est passé gare de Lyon ; elle allait à Nîmes et moi à Aix-en-Provence. Deux ans **plus tard**, notre première fille est née, **le** 22 mai 1977 exactement. Je me souviens, nous habitions dans un tout petit appartement à Belleville. Et nous sommes restés dans cet appartement **de** 1976 à 1980. Après, nous avons

140

habité à côté de République **jusqu'en 1985 : notre deuxième fille est née quand nous étions dans cet appartement, le 15 octobre 1982**.

3 L'interrogatoire.
— Qu'est-ce que vous faisiez le 18 juin à 20 heures ?/Que faisiez-vous le 18 juin à 20 heures ?
— Le 18 juin, à 20 heures ? Euh… J'étais dans ma chambre d'hôtel.
— Dans quel hôtel est-ce que vous étiez ?
— J'étais à l'hôtel Calypso.
— Qu'est-ce que vous faisiez entre 20 heures et 22 heures ?/Que faisiez-vous entre 20 heures et 22 heures ?
— Je suis resté dans ma chambre de 20 heures à 22 heures.
— Qu'est-ce que vous avez fait à partir de 22 heures ?/Qu'avez-vous fait à partir de 22 heures ?
— À partir de 22 heures, je suis sorti et je suis allé au Blue Bar jusqu'à une heure du matin.
— Quand est-ce que vous êtes arrivé à l'hôtel Calypso ?/Quand êtes-vous arrivé à l'hôtel Calypso ?
— Je suis arrivé le 17.
— Quand est-ce que vous partez ?/Quand partez-vous ?
— Le 25. Dans deux jours.

4 Souvenez-vous !
— Qu'est-ce que tu **as fait** la semaine dernière ?
— Avec ma femme, nous **avons pris** une semaine de vacances. Je **voulais** aller chez mes parents, dans le sud de la France. Mais nous **n'avons pas pu** parce que ma femme **était** malade.
— Vous **êtes restés** à Paris ?
— Oui. Et des amis **sont venus** à la maison. Ma femme **est restée** au lit et, nous, nous **somme sortis**. Nous **sommes allés** au musée d'Orsay et à Beaubourg. C'**était** bien : il **n'y avait pas** beaucoup de touristes et il **faisait beau**.

5 Mauvais rêve.
Il était deux heures du matin. J'étais seul(e) à la maison. Je ne pouvais pas dormir. J'ai entendu du bruit. Je me suis levé(e) et j'ai écouté. Il y avait des hommes dans la maison. J'ai ouvert la porte et j'ai vu un homme avec un grand couteau. Je suis tombé(e) du lit et je me suis réveillé(e).

6 Graphies de [e] en finale de mot.
1 Vous travaill**ez** souvent le soir ?
2 Est-ce que vous pouv**ez** acheter le journal ?
3 Il était huit heures quand il est allé dîn**er**.
4 Est-ce que vous sav**ez** danser ?
5 Vous voulez mang**er** quelque chose ? Nous avons achet**é** un gâteau.

Leçon 32
La 2CV… et autres symboles ! p. 54-55

1 Histoire d'amour.
• Vrai : 5, 7.
• Faux : 1, 2, 3, 4, 6.

2 Cartes postales.
1a, 2d, 3e, 4g, 5j, 6l, 7m, 8o.
1b, 2c, 3f, 4h, 5i, 6k, 7n, 8p.

3 Album souvenir.
Chère Alexandra,
Je t'écris pour t'inviter à mon mariage avec Natacha, le 20 décembre, à Bordeaux.
Natacha et moi, nous nous sommes rencontrés le 22 janvier à la fête d'anniversaire de notre ami Félix. Elle était très jolie et j'ai été amoureux tout de suite.
Le 29 janvier, nous avons dîné au restaurant. Nous avons passé une soirée magnifique.
Ensuite, nous sommes allés à Paris pour fêter la Saint-Valentin tous les deux, en amoureux : c'était très sympa. Pendant l'été, nous sommes partis en vacances au bord de la mer, à Saint-Tropez.
Le 25 novembre, nous avons acheté une maison.
Et maintenant, nous nous marions !
Quelle année !
Bises et à bientôt,
Cédric

4 Le bon choix.
1 Et Vanessa, tu **la** connais ?
2 Je cherche le journal. Est-ce que tu **l'**as avec toi ?
3 La poste ? C'est là, au bout de **la** rue.
4 Et son billet, elle **l'**a, oui ou non ?
5 Elle n'est pas là ? Appelle-**la** ce soir.

Leçon 33
Beau fixe p. 56-57

1 Mots croisés.
Et maintenant la **météo** (5) présentée par Catherine Lebord. Demain, pas de chance, il **pleuvra** (6) sur tout l'ouest de la France et il ne fera pas très chaud, le matin : les **températures** (1) seront de 3 **degrés** (2) à Rennes, 5 à Nantes et 7 à Biarritz. Au nord à l'est, vous aurez des **nuages** (4) le matin mais, très vite, vous aurez aussi de la **pluie** (3). Les **températures** (1) seront entre 1 et 5 **degrés** (2). Dans le Sud-Est, le soleil **brillera** (7) toute la journée mais attention, la **pluie** (3) arrivera jeudi, là aussi.

2 Lin-Ning Chen au festival de Cannes.
Sud-Infos – **7** mai 2002
La très célèbre actrice chinoise Lin-Ning Chen **arrivera demain** matin à Cannes. Elle **ira** directement de l'aéroport à l'hôtel Martinez et, un peu plus tard, elle **répondra** aux questions des journalistes. Elle **fera** ensuite des photos sur la terrasse de l'hôtel. **Demain** après-midi, elle **verra** deux films au Palais des festivals et, le soir, nous **pourrons** voir son dernier film, *Shanghai, mon amour*…

3 Vous êtes sûrs ?
1c, 2e, 3a, 4d, 5b.

4 On verra !
Réponses possibles :
1 Ils seront certainement là à l'heure. Je suis sûr(e)/certain(e) qu'ils seront là à l'heure.
2 Je crois que nous pourrons/je pourrai y passer.
Nous pourrons/Je pourrai peut-être y passer.
3 Je crois/Nous croyons qu'il s'entraînera pendant les vacances.
Il s'entraînera peut-être pendant les vacances.
4 Je suis sûr(e)/certaine qu'il pourra faire la cuisine et le ménage.
Il pourra certainement faire la cuisine et le ménage.
5 Il fera peut-être beau ce week-end. Je crois/Nous croyons qu'il fera beau ce week-end.

5 Graphie des voyelles nasales.
1 Ses parents **ont** de l'argent.
2 Ils pr**en**nent leurs vêtem**ents** d**an**s la chambre.
3 **On** m**on**tera **en**semble d**an**s le train ?
4 Demain matin, Anne va chez le dentiste.
5 Est-ce qu'ils aur**ont** le t**em**ps ?

Leçon 34
Projets d'avenir p. 58-59

1 Passé, présent ou futur ?
• Passé : 1, 4, 5.
• Présent : 7.
• Futur : 2, 3, 6, 8.

2 Qu'est-ce qu'ils vont faire ?
1 Il va laver sa voiture.
2 Ils vont prendre le train.
3 Il va avoir un accident.
4 Ils vont aller au théâtre.

3 Passé récent ou futur proche ?
1 Il est à l'hôpital. Il **vient** d'avoir un accident.
2 Allez, vite ! Ils **vont** bientôt arriver.
3 Tu n'as plus de travail ! Mais qu'est-ce que tu **vas** faire ?
4 Ah, c'est trop tard, monsieur. Le train pour Lille **vient** de partir.
5 Et après le bac, elle **va** aller dans quelle école ?
6 Ils sont à l'aéroport, leur avion **va** arriver dans cinq minutes.

4 Voyage dans le temps.
l'année dernière – le mois dernier – la semaine dernière – avant-hier – hier – *aujourd'hui* – demain – après-demain – dans cinq jours – le mois prochain – l'année prochaine – un jour peut-être

5 Rendez-vous.
1f, 2j, 3e, 4b, 5l, 6g, 7a, 8i, 9d, 10k, 11h, 12c.

6 Comment ça s'écrit ?
1 Qu'est-ce que tu achètes pour son anniversaire ?
2 Son père a pris sa retraite.
3 Je me suis baigné cette semaine.
4 On ira peut-être à la fête, on ne sait pas.
5 Ma mère est partie se reposer à la mer.

Leçon 35
Envie de changement p. 60-61

1 Des futurs irréguliers.
1 Mais est-ce que tu **sauras** un jour faire ça correctement ?
2 Je suis sûre qu'ils **voudront** venir avec nous.
3 Il **faudra** téléphoner à tes parents pour le dîner de demain.
4 Mais non, tout **ira** bien, tu **verras** !
5 Est-ce qu'elle **viendra**, oui ou non ?
6 Dans un mois exactement, nous **serons** sur la plage à Acapulco.

2 Il y a des choses intéressantes à voir !
1 Quand ils visiteront Rome, ils verront le Colisée.
2 Quand ils seront à Londres, ils prendront un verre dans un pub.
3 Quand ils passeront par Madrid, ils déjeuneront sur la Plaza Mayor.
4 Quand ils arriveront à New York, ils feront le tour de l'île de Manhattan en bateau.
5 Quand ils feront un voyage à Prague, ils se promèneront sur le pont Charles.

3 Avec des *si*.
1 S'il fait beau ce week-end, **on ira** se promener à la campagne.
2 Si **nous avons** d'autres enfants, nous achèterons une nouvelle maison.
3 Si tu arrêtes de faire de la gymnastique, **tu devras faire un autre sport**.
4 Si **vous me donnez les documents**, je pourrai terminer ce travail assez vite.
5 Si vous vendez votre voiture, **je veux bien l'acheter**.
6 Si **on prend le métro**, il faudra partir tôt.

4 Méli-mélo.
1 Quand Michel sera à la retraite nous partirons d'ici et nous achèterons un bateau.
2 Si vous avez le temps on pourra peut-être aller ensemble au cinéma.
3 Quand tu auras dix-huit ans tu pourras prendre ma voiture mais pas avant !
4 Si vous commencez les travaux maintenant vous pourrez habiter la maison en décembre.
5 Quand nous reviendrons de Strasbourg, ils seront en vacances dans leur famille.

5 Mots croisés.
1 Oui, nous allons bientôt **changer** d'appartement.
2 Ils veulent **supprimer** ce mur pour avoir une grande pièce.
3 Quand est-ce que tu **installes** ta nouvelle cuisine ?
4 Dans la chambre, je vais peut-être mettre de la **peinture** bleue.
5 Non, au-dessus de la **cheminée**, il y a déjà un tableau.
6 Si on achète cet appartement, il faudra faire des **travaux**.

Leçon 36
Un jour peut-être... p. 62-63

1 Bulletin météo.
2 décembre
Sur l'ouest de la France, il y aura des nuages et de la pluie avec des températures autour de 11 degrés. Il pleuvra dans l'est et dans le centre de la France. Dans le sud de la France, il y aura du soleil, avec une température de 13 degrés.

2 Quelle est la météo pour Lille, demain ?
Réponse 3.

3 Dans dix ans...
1 a3, b2, c4, d1.
2 Réponse possible :
Dans dix ans, je travaillerai pour une grosse entreprise. J'en serai le directeur commercial et j'aurai une très belle maison. J'aurai une femme et trois enfants. Nous aurons deux voitures et un chat. La vie sera belle.

4 À la retraite.
Réponse possible :
Cher Robert,
Je suis maintenant à la retraite. Je veux m'amuser et voir mes amis. Ma femme et moi nous avons décidé de faire du sport et aussi de nous reposer ! Nous avons travaillé toute notre vie et maintenant nous voulons vraiment être tranquilles. Nous allons acheter un bateau et faire des promenades en mer. Si tu veux venir avec nous, ce sera sympa.
Écris-nous pour nous donner des nouvelles. Viens nous voir quand tu veux.
Ton ami Henri

Portfolio

Trois niveaux de réponses : **1** = un peu ; **2** = assez bien ; **3** = correctement

Et maintenant…

	1	2	3
Qu'est-ce que je peux comprendre, à l'écrit ?			
Je peux…			
• comprendre des textes simples et courts (cartes postales, e-mails…)	❑	❑	❑
• comprendre des instructions avec des dessins (panneaux, affiches…)	❑	❑	❑
• trouver des informations précises sur des documents quotidiens (horaires, prix…)	❑	❑	❑
• comprendre l'idée générale d'un texte court avec des informations et des descriptions (articles, guides…)	❑	❑	❑
• comprendre des textes courts et simples relatifs à un travail (petites annonces, guides…)	❑	❑	❑

	1	2	3
Qu'est-ce que je peux comprendre, à l'oral ?			
Je peux…			
• comprendre des dialogues quand on parle clairement et lentement	❑	❑	❑
• comprendre des instructions et des indications courtes et simples	❑	❑	❑
• comprendre les chiffres, le prix et l'heure	❑	❑	❑
• comprendre les questions dans un magasin ou à la gare	❑	❑	❑
• comprendre des questions assez simples pendant un entretien professionnel	❑	❑	❑

	1	2	3
Qu'est-ce que je peux écrire ou compléter ?			
Je peux…			
• écrire des messages simples à mes amis (cartes postales, e-mails…)	❑	❑	❑
• compléter une fiche de renseignements personnels (avec nom, âge, profession…)	❑	❑	❑
• faire une description simple d'événements et d'activités (lettres, textes à la manière d'un article…)	❑	❑	❑
• écrire des lettres simples et courtes pour m'excuser ou remercier (réponse à une invitation…)	❑	❑	❑
• écrire des messages simples concernant la vie quotidienne (agenda…)	❑	❑	❑

	1	2	3
Qu'est-ce que je peux dire ou demander ?			
Je peux…			
• me présenter ou présenter une autre personne, parler de mes activités et de mes goûts	❑	❑	❑
• demander quelque chose poliment, m'excuser et remercier	❑	❑	❑
• demander et donner l'heure, la date, des quantités	❑	❑	❑
• donner des conseils avec des phrases courtes et simples	❑	❑	❑
• parler de mes souvenirs et raconter une histoire passée	❑	❑	❑
• parler de mes projets et de l'avenir de manière générale	❑	❑	❑

	1	2	3
Qu'est-ce que je peux dire sur la France ?			
Je peux…			
• citer des villes de France, des pays où on parle français et les situer	❑	❑	❑
• donner des informations sur les habitudes des Français en vacances	❑	❑	❑
• parler de quelques grandes fêtes françaises	❑	❑	❑
• citer quelques artistes français et dire quelle est/était leur profession	❑	❑	❑
• parler de quelques règles en France (heure des repas, politesse…)	❑	❑	❑
• citer plusieurs symboles de la France	❑	❑	❑

Imprimé en France par Mame Imprimeurs à Tours (n° 05042134)
Dépôt légal n° 57876-05/2005 – Collection n° 45 – Édition n° 02
15/5221/5